Précarité des populations de l'ex-Katanga face à la loi de la valeur mondialisée

Dans la même collection

1. J. KAMANDA KIMONA-MBINGA, *Le défi congolais. De la dégénérescence à la renaissance*, 2001.
2. Z. HABIMANA MAKAMBA (dir.), *Courants actuels de la philosophie africaine*, 2002.
3. Ph. DENIS et C. SAPPIA (dir.), *Femmes d'Afrique dans une société en mutation*, 2004.
4. P.-J. LAURENT (dir.), *Décentralisation et citoyenneté au Burkina Faso*, 2004.
5. M. PONCELET, G. PIROTTE, G. STANGHERLIN et E. SINDAYIHEBURA, *Les ONG en villes africaines. Études de cas à Cotonou (Benin) et à Lubumbashi (RDC)*, 2006.
6. Ch. BECKER et Ph. DENIS (eds), *L'épidémie du sida en Afrique subsaharienne. Regards historiens*, 2006.
7. E. P. NGOMA-BINDA, *Principes de gouvernance politique éthique… Et le Congo sera sauvé*, 2009.
8. P. PETIT (dir.), *Société civile et éducation. Le partenariat à l'épreuve du terrain*, 2010.
9. L. VIDAL & C. KUABAN (dir.), *Sida et tuberculose : la double peine ?Institutions, professionnels et société face à la coinfection au Cameroun et au Sénégal*, 2010.
10. J.-P. SEGIHOBE BIGIRA, *Partenariat pour les forêts du Bassin du Congo et développement durable. Le droit à l'épreuve des enjeux*, 2012.
11. D. MOTTIER, *Une ethnographie des pentecôtismes africains en France. Le temps des prophètes*, 2014.
12. M. NTUBUBA BISIMWA, *Les pouvoirs politiques traditionnels dans la gouvernance démocratique en RDC*, 2014.
13. J.-C. MASHINI, *Gouverance en RD Congo. Regard et témoignage*, 2014.
14. F. LAPEYRE et A. LEMAÎTRE (dir.), *Politiques publiques et pratiques informelle en Afrique subsaharienne*, 2014.
15. O. KAHOLA TABU, *Les ménages à Lubumbashi. Hébergement des parents et vie domestique*, 2014.
16. MANDJEM Yves Paul, *Sortie de crise en Afrique (tome 1). Le déterminisme relatif des institutions de sortie de crise en Afrique*, 2015.
17. MANDJEM Yves Paul, *Sortie de crise en Afrique (tome 2). Le jeu politique des acteurs*, 2015.

Collection « ESPACE AFRIQUE »

18

PRÉCARITÉ DES POPULATIONS DE L'EX-KATANGA FACE À LA LOI DE LA VALEUR MONDIALISÉE

Vincent KIMBA KAPANDA

academia
L'Harmattan

D/2017/4910/33 ISBN : 978-2-8061-0349-9

Grand'Place, 29
B-1348 Louvain-la-Neuve

www.editions-academia.be

Préface

•

Dès sa naissance comme science sociale, la sociologie est voulue la science-solution des problèmes sociaux créés par le fait de la révolution scientifique, industrielle et technologique. En ce XXIe siècle elle est voulue une sociologie praxéologique. Celle-ci se préoccupe d'identifier les problèmes sociaux, de les situer dans leur diversité, leur histoire et leur connexion universelle dans le but :

De les maitriser,

de les résoudre,

d'accompagner efficacement les pratiques sociales.

Ses deux moments sont : connaître et transformer.

Vincent Kimba Kapanda me semble, par cette étude sur la condition des désœuvrés, un de ces sociologues qui ont développé la prétention, sinon l'ambition, de réaliser une telle sociologie praxéologique. Il me semble penser avec Jacques Douzelot à la suite de François Duvet, que « *la sociologie n'est plus la science de la société, elle est devenue la science des mille et une manières de faire des sociétés* ». Car, il n'y a plus un principe central qui rendrait compte de la composition, du fonctionnement et du devenir des sociétés. Il n'y a plus que des logiques d'action dont l'agencement instable fait que la cohésion sociale relève du bricolage historique, des circonstances locales. C'est même cette « *production chaotique* » que le sociologue a pour mission de mettre à jour (in Esprit, 2009).

« *Enfant gécaminard* » devenu sociologue professionnel, et donc observateur vigilant de la condition ouvrière du mineur congolais, Vincent Kimba Kapanda s'est senti confié d'une mission plus modeste, selon l'expression de Jacques Douzelot : « *Accompagner les acteurs* » (les creuseurs artisanaux surtout, et les hommes politiques congolais), les éclairer sur les logiques qui sous-tendent leurs démarches, les amener ainsi à « *bricoler* » une meilleure connaissance de toute la société dans laquelle ils vivent et à laquelle ils oeuvrent. (*Idem*).

C'est, me semble-t-il, dans ce sens qu'il faut saisir la pertinence de son objet d'étude : la précarité des populations de l'ex-Katanga face à la loi de la valeur mondialisée. Vincent Kimba Kapanda a en effet, observé que, en s'inscrivant dans la logique de la loi de la valeur mondialisée, la législation minière congolaise libéraliste n'a pas produit la classe moyenne. Elle a par contre engendré la décroissance, la déconfiture politique, la déconfiture socio-culture, bref, la précarité économique. Dans son étude, il écrit ; « À ces jours, la vie socio-économique est en pleine stagnation, plusieurs entreprises ont été créées avec la deuxième loi minière qui avait comme visé la création de l'emploi, l'autorisation de l'exploitation artisanale dans le but de faire émerger une classe moyenne. Contradictoire, les emplois créés ne sont que précaires au salaire qui ne répond pas à la couverture des besoins fondamentaux. La classe moyenne n'est restée que dans le discours du politique alors que sur le terrain l'inefficacité et l'incapacité d'épargner démontrent à suffisance que cette classe moyenne n'est qu'un mort-né sinon une utopie politique, car le processus de formation des capitaux comme démonter supra n'est possible qu'avec l'épargne.

En s'efforçant d'éclairer les acteurs socio-politiques congolais sur les difficultés et leurs problèmes dans un contexte existentiel ainsi marqué par la loi de la valeur mondialisée, Vincent Kimba Kapanda s'est voué à dissiper les mythes et les images aberrantes vendues par des législations minières par commodité.

À ce propos, la structuration de son étude me parait suffisamment éclairante. Cinq chapitres dont le premier intitulé état des connaissances et théories sur la croissance, se préoccupe de faire remarquer que, dans le contexte de leur conception et de leur application, les théories du développement par la croissance se sont révélés de simples instruments de massification et de densification des désœuvrés. Le schéma du cercle *incidentiel* y est opposé comme un schéma explicatif du processus de dépassement des théories illusionnistes.

Dans le deuxième chapitre, il analyse les données démographiques de l'ex-Katanga. La masse désœuvrée générée par la législation minière et qui se débrouille pour suivre, dans l'exploitation minière artisanale, est composée beaucoup plus des adultes valides (96,1 %), mariés (77 %), pères d'au moins un enfant (80,1 %), ayant atteint au moins le niveau de l'école secondaire, déjà bien habitués à l'activité de l'exploitation minière.

Dans le troisième chapitre, il évalue la loi minière au regard de l'évolution socio-économique dans l'ex-Katanga. Il montre que, après avoir été le moteur de l'émergence d'une base industrielle et, notamment d'une industrie manufacturière pour les biens de consommation, l'exploitation minière libéralisée a engendré la précarité économique. Et, c'est à ce niveau que l'auteur s'est proposé, au chapitre quatre, de valider le code minier en analysant les données bilantaires des activités minières. Lorsque ces activités reposent sur la loi de la valeur mondialisée, l'accent est mis sur le capital et le produit seulement. La trilogie appliquée est celle de maximisation de la production, minimisation de coûts et maximisation de profit.

Dans le cinquième et dernier chapitre, Vincent Kimba Kapanda pense que la réalisation de la croissance pour le bien-être dans l'Ex-Katanga, impose l'application correcte de la loi de la valeur reposant sur la trilogie antipodale d'extra-vergence. Celle-ci articule la maximisation de la production autocentrée, la maximisation *incidentielle* et la maximisation auto-entretenue. Elle est une thérapie, ou mieux elle se présente comme un schéma thérapeutique de la loi de la valeur mondialisée.

La précarité des populations de l'Ex-Katanga face à la loi de la valeur mondialisée, est une étude d'un sociologue qui se sent concerné par la condition ouvrière et invite au partage sur la connaissance réelle et agissante des institutions qui véhiculent les illusions du bien-être.

Timothée Kazadi Kimbu,
Sociologue et Professeur émérite
à l'Université de Lubumbashi

Introduction générale

•

En ce XXIe siècle, la croissance et le développement sont des questions d'actualité et même une des priorités dans la recherche de la réduction de la pauvreté. Cette étude est une tentative de solution à la pauvreté de masse dans le bassin minier de l'Ex-Katanga.

Depuis plus d'une décennie, il s'observe une mise en place d'un arsenal juridico technique attirant plusieurs investisseurs. Dès lors, nous constatons une prolifération des entreprises dans le bassin minier de l'Ex-Katanga. Jouissant de sa renommée d'une région riche en ressources minières, plusieurs opérateurs économiques se sont intéressés au secteur minier.

Cette nouvelle situation semble une bouffée d'oxygène pour les populations. Une lueur d'espoir renaît en ce sens que l'on parle de la relance économique de la province après plusieurs années de violences économiques. Ces transformations économiques que subit la région minière de l'Ex-Katanga à travers l'implantation des nouvelles entreprises doivent avoir un impact sérieux sur les conditions de vie des populations.

La question fondamentale que d'aucuns se posent en ce moment est celle d'évaluer les conditions de vie actuelle des familles au regard de la transformation économique qui se profile à l'horizon.

Nous référant au principe de l'*incidentialité* qui voudrait que lorsqu'on crée des entreprises, on crée aussi de l'emploi qui conduit à la production. Celle-ci sera vendue pour générer des recettes qui conduisent au paiement des salaires des employés, salaires qui entraîneraient l'épargne et donc déclencheraient le processus de formation des capitaux.

La conséquence est que lorsque la multiplication des entreprises est effective, elle provoque l'abondance de la production qui entraîne le paiement des salaires indexés et réguliers avec un pouvoir d'achat. À ce moment, il s'observe une valorisation de la main-d'œuvre.

La rétribution de tous les facteurs de manière équitable notamment la nature, le capital, la technologie, l'organisation du travail et l'homme, conduit à une application correcte de la loi de la valeur, c'est-à-dire une rétribution qui se fait au prorata de la contribution de chacun des facteurs.

Contradictoirement, cette situation n'a pas été observée dans le bassin minier de l'Ex-Katanga. En 2002, plus ou moins 260 entreprises ont été créées en application de la loi minière et du cadastre minier. L'on a assisté à un chômage accru et aux faibles salaires qui du reste sont payés de manière irrégulière.

Cette situation renforce la précarité des conditions de vie des populations, avec une masse désœuvrée qui constitue déjà un facteur important de déstabilisation tant sociale que politique, non seulement du bassin minier de l'Ex-Katanga mais aussi de la République démocratique du Congo. L'objet de cette étude, c'est de scruter la décroissance et la pauvreté des masses désœuvrées causées par l'application de la loi de la valeur mondialisée. D'où l'identification des lois qui impriment sa dynamique et la proposition des solutions *désutopisées* gages de toute croissance et de tout développement harmonieux dans la société monde. D'où les préoccupations telles que : Qu'est-ce qu'a produit la création des entreprises issues de la délocalisation industrielle ? Quel est l'impact de ces entreprises issues du code minier et du cadastre minier sur les conditions de vie des populations du bassin minier de l'Ex-Katanga ? Est-ce que la lutte contre la décroissance et le sous-développement prend en compte les effets pervers de la loi de la valeur mondialisée ? Quel est l'impact du système capitaliste qui repose sur cette trilogie (maximisation de production, maximisation de profits et minimisation de coût) dans la lutte contre la décroissance et la pauvreté de la masse désœuvrée dans ce bassin minier ? Que faire pour sortir le bassin minier de l'Ex-Katanga de ce cercle infernal de la pauvreté des masses ?

1. Méthodologie

Pour cerner les transformations sociales, l'approche qualitative a orienté la collecte des données de terrain. L'observation a été utilisée, car elle a consisté ici à sillonner les principales villes du bassin minier pour voir ce qui se passe et tenter d'arracher quelques entretiens avec les responsables des entreprises minières, des ménages et des demandeurs d'emploi.

La principale difficulté que nous avons rencontrée concerne la méfiance qu'ont les individus vis-à-vis des responsables des entreprises minières contre les chercheurs. Il a fallu souvent recourir au réseau de sociabilité informelle pour arracher les entretiens. Dans le circuit formel, la méfiance se traduisait par la lourdeur administrative et la soumission à une longue procédure.

Nos assistants de recherche ont parfois été soupçonnés d'être des agents prestant au profit de leur concurrent. Certains ont du mal à comprendre qu'il s'agit d'une enquête qualitative et non d'une enquête quantitative, que nous avons besoin de réaliser des interviews. Ainsi, alors que nous tentions d'obtenir un entretien, il est arrivé qu'on nous demande de laisser un questionnaire qui serait rempli et qu'on pourrait récupérer par la suite.

Malgré cette difficulté, nous avons arraché quelques entretiens avec les responsables des entreprises, des exploitants artisanaux, des structures d'encadrement des creuseurs, etc. De ces entretiens, le besoin d'intégrer l'approche quantitative s'est révélé nécessaire. Tout ceci est dans l'objectif principal de cerner les réalités de notre objet d'étude. Pour ce faire, l'échantillon non probabiliste a été opté.

Dans cet échantillonnage non probabiliste, on suppose que la distribution des caractéristiques à l'intérieur de la population est égale. C'est ce qui fait que le chercheur croit que n'importe quel échantillon serait représentatif et que les résultats, par conséquent, seront exacts. Dans le cas de cet échantillonnage, puisqu'on choisit arbitrairement des unités, il n'existe aucune façon d'estimer la probabilité pour une unité quelconque d'être incluse dans l'échantillon. Également, comme la technique en question ne fournit aucunement l'assurance que chaque unité aura une chance d'être incluse dans l'échantillon, on ne peut estimer la variabilité de l'échantillonnage ni identifier le biais possible.

De ce fait, 256 exploitants artisanaux ont été touchés par cette étude. Ils sont répartis en trois sites que voici :

Sites	Fréquence	
Likasi et Kambove	164	64,0
Lubumbashi	56	21,9
Kolwezi	36	14,1
Total	256	100,0

Ce chiffre découle d'un choix raisonné. Pour tirer un échantillon, il faut avoir des statistiques fiables. Dans plusieurs cas, les statistiques présentent des catégories déjà instituées par l'appareil statistique (Heran, 1984) auxquelles le chercheur apporte une interprétation. Les statistiques fournies par le SEASSCAM sont souvent approximatives et douteuses (Rubbers, 2005). Les chiffres avancés sont compilés par l'administration de cette organisation au niveau des différentes carrières, et plus particulièrement pour les membres. Les creuseurs qui n'ont pas acheté leur carte de membre ne sont pas comptabilisés. Les disparités constatées dans les chiffres fournis dénotent du manque de rigueur dans leur traitement. Les statistiques qui nous ont été données font état de 300 (trois cents) exploitants pour l'ensemble du bassin minier.

Le manque de rigueur dans le traitement des statistiques suscite l'inquiétude quand il s'agit de prélever un échantillon. (Petit, 2003) relevant aussi la difficulté d'avoir des statistiques fiables, conclut en ces termes : « quelles que soient les imperfections des chiffres avancés par les administrations, ils ont le mérite de faire au moins ressortir la proportion relative de chaque quartier dans l'ensemble de la ville, ce qui permet de définir un échantillon qui respecte la distribution spatiale » (p. 35).

Les statistiques fournies par le SEASSCAM font état de 106 sites artisanaux actifs dans le bassin minier réparti sur 17 localités et collectivités. 57 d'entre eux se situent sur l'axe minier Lubumbashi-Likasi-Kolwezi et les 49 autres dans le Nord Katanga. Pour un total de 300 creuseurs recensés.

Pour plus de fiabilité de notre échantillon et vu le taux de mutation élevé des creuseurs nous faisons recours à la formule statistique de Fisher en prenant une marge d'erreur aléatoire de 5 % :

$$n = \frac{z^2 \times (pq)^2}{d^2} \quad \text{Soit} \quad n = \frac{2^2 \times (0.5)^2}{(0.05)^2} = \frac{1}{0.0025} = 400$$

Légende :

N = la taille de l'échantillon ;

Z = l'écart, fixé en général à 1,96 (ou 2) et qui correspond à un degré ou un niveau de confiance fixe à 95 % donnant la taille de l'échantillon garantissant une bonne représentativité ;

p = la proportion de la population cible ayant une caractéristique donnée ou incidence du problème étudié estimée en pourcentage. S'il n'existe pas d'estimation disponible, on peut utiliser 50 % (0,05) et parfois 2 % (0,02).

$q = 1{,}0 - p$

d = le degré de précision voulu ou niveau d'erreur qui est en général de 5 % (0,05) et parfois 2 % (0,02).

Cette étude est articulée autour de cinq chapitres, hormis l'introduction et la conclusion générales. Le premier chapitre présente un état des connaissances sur les transformations industrielles et l'émergence de l'exploitation artisanale des minerais. L'idée au départ en libéralisant le secteur minier était de promouvoir une classe moyenne. En même temps, il essaie de manière restreinte de contextualiser le cadre de cette réflexion.

Le deuxième chapitre expose les données démographiques de l'ex-Katanga.

Le troisième chapitre traite de la loi minière et de l'évolution socio-économique de la région minière. Ce chapitre présente les différentes motivations de la législation sur les mines et son impact sur la situation socio-économique de la région.

Le quatrième évalue le code minier en rapport avec le vécu des populations dans l'hinterland minier.

Le cinquième enfin, valide la visée de la législation minière congolaise au regard des effets de la valeur mondialisée.

Au terme de ce parcours, on aura compris que l'exploitation artisanale des minerais ne participe pas à l'éclosion d'une classe moyenne mais par contre à la densification des masses paupérisées.

Chapitre I

État des connaissances et théories sur la croissance

•

1.1 Introduction

Le problème des exploitants artisanaux dans les carrières et mines fait couler beaucoup d'encre et de salive. Il constitue un problème social épineux aux conséquences présentes et futures désastreuses en ce qui concerne la santé physique, la sécurité et la moralité des exploitants. Cette situation, actuellement apanage des pays en développement, trouve sa justification, entre autres, dans la pauvreté. Ne pas bien se nourrir, ne pas bien se vêtir, ne pas bien se faire soigner, ne pas bien supporter les études des enfants, ne pas bien jouir des loisirs, voilà les indices de la pauvreté. La recherche des stratégies de survie amène bon nombre des personnes à choisir, entre autres, le travail des carrières et mines, comme voie de salut.

1.2 Revue de la littérature

En République démocratique du Congo, le phénomène commence par le déclin de l'économie en 1973, avec l'inauguration de la politique de zaïrianisation et a été accentué au début des années 1990 pour diverses raisons. D'abord, les villes minières et industrielles de Lubumbashi, Kolwezi et Likasi, à l'instar d'autres villes et centres urbains du Zaïre/Congo, ont subi en 1991 des pillages systématiques qui ont littéralement détruit leur tissu économique. Ensuite, l'opération « Debout Katanga », inaugurée par le Gouverneur du Katanga au début des années 1990 dans le but de la formation d'une classe bourgeoise katangaise, n'a pas abouti aux résultats escomptés et a contribué à la destruction de l'outil de production de la Gécamines. Les conflits interethniques ont détourné les travailleurs de leur tâche primordiale, celle de produire, et ont fini par mettre l'entreprise complètement à genou. Petit à petit, l'on assista à la fermeture de certaines de ses carrières et mines et au morcellement de sa concession et à sa rétrocession à d'autres petites, moyennes et grandes entreprises minières. La faillite de la Gécamines a entraîné la population katangaise en général et urbaine en particulier dans un environnement économique et social en pleine dégradation. Le changement de régime politique avec l'avènement du président Laurent Désiré Kabila à la tête du pays n'a eu aucun impact positif sur la production au sein de la Gécamines. Au contraire, la situation de cette entreprise empirait de plus en plus. La Gécamines dont la production du cuivre était estimée à plus ou moins 25 000 tonnes métriques par an au début des années 2000 continuait à entretenir un effectif pléthorique, aux yeux de l'employeur, de plus de 25 000 travailleurs dont plus de 400 directeurs de départements et de divisions. Il s'est avéré alors une incompatibilité criante entre la production et le volume des effectifs des travailleurs.

Enfin, la récession économique mondiale a entraîné la baisse des cours du cuivre et du cobalt. La conséquence fut que les recettes de la Gécamines amenuisées ne permettaient plus à cette dernière de faire face aux dépenses dues au renouvellement du stock et au paiement des salaires des travailleurs. Le nombre des mois des salaires impayés augmentait de plus en plus. Dans ces conditions, le gouvernement de salut public dont le budget de l'État connaissait une détérioration considérable (un déficit au 31 décembre 1998 de l'ordre de 27 847 796 millions de nouveaux zaïres)[1] (Mutamba Lukusa G., 1999, p. 127),

---

1 L'auteur qui tire ces informations du rapport annuel de la Banque Nationale du Congo note que les recettes n'avaient pas atteint le niveau prévu. Au 31 décembre 1998, elles se sont finalement chiffrées à 58592269 millions de nouveaux zaïres contre 86440065 millions de nouveaux zaïres que représentaient les dépenses. Le déficit était alors considérable : 27 847 796 millions de nouveaux zaïres.

envisagea la restructuration de l'entreprise. La compression du personnel s'avérait une nécessité impérieuse pour réduire considérablement les dépenses dues à l'enveloppe salariale des travailleurs, relancer la production et sauver ainsi la Gécamines de la faillite. Une mise en congé technique d'une fraction importante du personnel pour une durée indéterminée fut alors unilatéralement décidée par le comité de gestion avec la complicité du gouvernement de salut public. Initialement fixé, selon les rumeurs, à 12 000 individus, le nombre des travailleurs mis en congé sans décompte final fut finalement de 7 710 travailleurs.

Une année après, l'entreprise se mit à reprendre petit à petit ses travailleurs « assainis » alors qu'elle n'avait pas augmenté la production et, partant, les recettes. En 2002, la réduction sensible de la production et des recettes suite à des facteurs relativement importants, techniques, financiers, humains et liés à l'environnement a amené les responsables de l'entreprise et les autorités du pays à envisager le reclassement du sureffectif pour la relance de l'économie congolaise. C'est dans ce contexte qu'ils ont sollicité et obtenu l'aide de la Banque mondiale en vue de payer le décompte final aux travailleurs « sureffectifs » qui voudraient partir « volontairement » de la Gécamines et mettre en place des mesures d'accompagnement social. Cette politique n'a pas porté les fruits escomptés. Les « départs volontaires » et leurs familles croupissent dans une misère noire.

Ces mutations socio-économiques ont poussé différents chercheurs à traiter de la problématique de l'exploitation artisanale des minerais.

Mottoule L. (1946) en se penchant sur l'application de la politique dite paternaliste de stabilisation de la main-d'œuvre à la Gécamines, avait évoqué les avantages qu'on accordait aux agents en vue de leur faciliter la constitution d'une famille sur le lieu de travail. En effet, l'organisation d'un service médical de premier ordre était la création de l'œuvre pour la protection de l'enfant noir afin de lutter contre la mortalité infantile. Parmi ces avantages l'on peut citer la mise en œuvre des écoles primaires et professionnelles pour les enfants du personnel, l'instauration d'un système de Sécurité sociale suivant le schéma pratiqué dans les pays occidentaux les plus avancés, les allocations familiales, les congés payés, la rente d'invalidité, la pension de vieillesse, l'assurance décès, etc.

Cette réflexion de Mottoule nous a permis de découvrir que la politique paternaliste qui a aliéné l'esprit de créativité chez les travailleurs de la Gécamines, les a prédisposés à la pratique des activités informelles comme réaction à la perte de l'identité ouvrière. Ce qui a entraîné la nécessité de développer en eux de nouvelles stratégies d'auto prise en charge, un véritable moteur de leur libération vis-à-vis de toutes les structures d'infantilisation et de paupérisation.

Si pour Moutoule la pratique des activités informelles est une réaction à la perte d'identité ouvrière, nous estimons qu'en plus de cette réaction, c'est aussi un signal fort de la précarité des emplois pourvus par les entreprises qui jouissent d'une certaine largesse de la législation en vigueur.

Pour faire face aux multiples problèmes de développement de l'Afrique, du Congo et plus particulièrement du bassin minier de l'Ex-Katanga, il faut donc une application correcte de la loi de la valeur qui est une thérapie et l'antipode de la loi de la valeur mondialisée.

Pour sa part, Kalaba Mutabusha (1997), se pose des questions relatives à la contradiction entre les richesses incommensurables dont regorgent le sol et le sous-sol de la République démocratique du Congo d'une part et, d'autre part, la pauvreté honteuse dans laquelle croupissent les masses populaires de ce pays. En évoquant les éléments qui constituent les richesses de la République démocratique du Congo, l'auteur d'une part, cite les potentialités d'énergies hydrauliques, d'hydrocarbures, les potentialités agricoles, forestières, touristiques et le taux d'urbanisation l'un de plus en plus élevé de l'Afrique, le produit intérieur brut, l'espérance de vie, la santé, l'alimentation, l'éducation et la participation de la femme à la gestion de la chose publique. D'autre part, il fustige l'instabilité politique, le désordre économique, l'absence d'éthique dans la conduite des affaires de l'État comme principaux facteurs de blocage. Selon l'auteur, dans le processus révolutionnaire des changements sociaux, il faudrait constamment prendre en compte le fait de la totalité du système et, partant de la solidarité de ses trois composantes à savoir : l'économique, le politique et le culturel.

À travers cette pensée, il ajoute que vu ses potentialités, la République démocratique du Congo peut devenir un pays respectable et respecté dans le concert des nations, à condition que soient éradiquées certaines antivaleurs. Au-delà de la réflexion de Kalaba, nous croyons que l'identification des acteurs sociaux en présence des acteurs historiques pourrait façonner la reproduction du capitalisme périphérique. Cette identification dans le chef des acteurs sociaux victimes de ce capitalisme constituerait le début de la conscience des conditions et de la pérennisation de cette conscience devant déboucher sur une action concrète de lutte critique communautaire des opprimés en quête du bien-être.

Cette étude rencontre la nôtre au vu de la contradiction criante de la richesse que regorge le bassin minier de l'Ex-Katanga et d'un code minier favorable aux investissements dans le secteur mais qui génère la masse désœuvrée. De ces investissements, près des centaines d'entreprises ont vu jour et un taux élevé de chômage qui s'accompagne d'une précarité des conditions sociales de la population et donc la paupérisation tous azimuts.

Pour sa part, Mulumba Lukoji (1973) avait pensé que la très grande dépendance de l'économie congolaise face au secteur minier. À ce propos, il avait proposé un « semis » du cuivre et investissement des recettes de ce dernier dans d'autres industries destinées à prendre, plus tard, le relais des mines. Cette proposition rencontre aussi la nôtre. En effet, la théorie que nous proposons dans notre thèse vise l'investissement du revenu des activités minières dans l'homme pour accroître ses capacités et lui permettre de survivre dans le bassin minier de l'Ex-Katanga sans mines.

Lukombe Nghenda (2004), en évoquant la fonction sociale du Droit, confirme que c'est autant le maintien de l'ordre que l'instauration d'un environnement social susceptible de déboucher au développement. Dans son étude relative à l'impact du Droit agricole sur le développement du Congo, il développe un plaidoyer en faveur du Droit agricole ; discipline que notre tradition académique a placée sous aisselles du Droit foncier, pourtant très distinct de lui tant par son objet que par le fond de ses règles. Il rappelle le rôle promoteur et orienteur du Droit agricole pour le développement du pays.

Dibwe dia Mwembu (2001), en évoquant les questions relatives à la détérioration des conditions de vie des travailleurs salariés, montre que durant la période allant de 1910 à 1999, l'amélioration des conditions de vie des travailleurs salariés de l'Union Minière du Haut Katanga n'a pas été un fait philanthropique de nombreuses négociations entre l'employeur et cette main-d'œuvre.

La réalité desdites négociations a été matérialisée à partir de 1940 ; période au cours de laquelle des changements sociaux ont atteint leur apogée. Ce n'est qu'en 1964 qu'un cadre institutionnel appelé « Comité Indigène d'Entreprise » a été instauré. Ce dernier ne comptait que des agents de niveau d'instruction relativement bas, donc incapables de s'octroyer à la longue une tradition et une culture syndicales.

Cependant, les deux sécessions katangaise et Kasaïenne incompatibles avec l'amélioration des conditions de vie qui avaient eu lieu le lendemain de l'indépendance et l'avènement de la deuxième République en 1965, ont contribué à la détérioration progressive des conditions de vie des cultures dominantes communément appelées « identité ouvrière » (1990).

Dans ses conclusions, l'auteur ajoute que la Gécamines a ainsi perdu toutes ses qualités de « Baba » et de « Mama » dans la mesure où elle n'assurerait ni ne privilégiait plus la Sécurité sociale.

Les travailleurs furent abandonnés à eux-mêmes. La grande famille pour laquelle elle avait investi des capitaux colossaux a commencé à s'effriter et à disparaître, pour laisser sa place à une société dans laquelle le slogan « chacun pour soi et Dieu pour tous » devenait monnaie courante.

C'est cette analyse de Dibwe dia Mwembu qui nous a permis de constater l'abandon des travailleurs par la Gécamines. Ces derniers ont perdu l'identité ouvrière à cause, entre autres, de l'effritement de la politique paternaliste de l'entreprise. De la sorte, les travailleurs se sont sentis obligés de recourir à la pratique de la multiplication des alternatives de survie, desquelles naîtra « l'articulation des pratiques dites pathologiques » comme réaction à la crise socio-économique financière.

Kalunga Tshikala, dans son étude doctorale portant sur le Droit minier et le développement durable. La critique de la théorie et de la pratique du régime minier congolais, a développé une théorie qui vise l'investissement dans l'homme pour accroître ses capacités productrices et lui permettre de vivre dans le prochain Congo sans mines. Il inscrit son étude dans les effets relatifs à la consolidation, au Congo, de la science de l'évaluation législative. Celle-ci permet au législateur d'évaluer, *a priori* ou *a posteriori*, l'efficacité d'une loi.

Dans la suite, il a procédé à une analyse des principes et des règles du Droit minier, prenant pour unité de mesure, les conditions socio-économiques de la population vivant dans les régions minières. Bien sûr que c'est aux sciences économiques, et non au Droit qu'il revient de définir les normes qui permettent cette amélioration. Mais, il n'a procédé qu'à une appréciation de l'efficacité des normes du Droit minier au plan économique, leur incidence sur la rentabilité des entreprises minières, maximisation des recettes de la fiscalité minière, revenu des exploitants miniers.

D'accord avec l'auteur lorsqu'il analyse des principes et des règles du droit minier en prenant pour unité de mesure les conditions socio-économiques de la population vivant dans les régions minières.

Au lieu que ce droit minier concourt au bien-être social curieusement il concourt au bien-être d'une couche hégémonique extérieure avec sa classe *compradorsale* au détriment des populations qui ne font que se marginaliser.

En rapport avec la crise socio-économique du peuple congolais dont les travailleurs de la Gécamines font partie, Kazadi Kimbu, dans sa thèse de doctorat intitulée : Capitalisme périphérique et lutte des classes au Zaïre. Une contribution à la critique de la sociologie de l'impérialisme, a analysé la loi du façonnage capitaliste comme condition de reproduction impérialiste. Il a posé les fondements de la lutte des classes dans la société congolaise marquée par le capitalisme périphérique en proposant des voies de recherche en sociologie d'un développement collectif autocentré par la lutte anti-impérialiste ; la socialisation des forces marginalisées et les perspectives de la lutte des classes au Congo.

Nous pensons qu'il est possible avec l'application correcte de la loi de la valeur en passant par son fil conducteur qui n'est rien d'autre que la trilogie antipodale d'extra-vergence, d'opérer une tentative de construction du développement, dans le combat que mènent les masses désœuvrées dans le bassin minier de l'Ex-Katanga.

Cette thèse rejoint notre préoccupation selon laquelle les deux institutions de Bretton Woods ainsi que les institutions nationales en symbiose sous ses multiples facettes ne forgent que des stratégies de pérennisation du capitalisme périphérique.

1.3 Cadrage théorique sur la croissance économique

La croissance économique est l'élément quantitatif fondamental selon la conception capitaliste du développement. Ce terme est généralement défini comme un mode de comportement de certaines grandeurs économiques en fonction du temps. C'est donc un progrès mesurable. La croissance peut impliquer des données à la fois qualitatives et quantitatives, mais ce sont les éléments quantifiables qui sont pris en compte.

Le concept de croissance économique concerne donc des grandeurs telles que le produit intérieur brut et le revenu par tête d'habitant. Le produit national brut d'une année n + 1 pour une grandeur, il y a un taux constant R, sera exprimé par le PNB de l'année précédente, n, multiplié dans une proportion constante par (1 + R), ce qui donnera : Yt = Y0 (1 + r) t

Ce chapitre est important parce que c'est de la recherche de la mise en œuvre de toutes ces théories que va naître cette logique économique et industrielle dont l'*incidentialité* va aboutir à la mise sur pied d'un nouveau code minier, à la prolifération d'entreprises minières, à la segmentation de la conscience ouvrière et à l'intensification de la masse désœuvrée.

1.3.1 Les théories décennales de la croissance et du développement

Créées en décembre 1961, les décennies du développement sont une affirmation, par les pays de toutes les parties du monde, de leur responsabilité commune à l'égard du progrès et du bien-être de tous les peuples du monde. Les décennies du développement fournissent ainsi un cadre principal par lequel les gouvernements des pays du monde membres de L'ONU adoptent par consensus la meilleure voie à suivre pour endiguer la misère et le sous-développement dans le monde.

De 1961 à 2010, cinq décennies avec chacune un modèle théorique de développement seront ainsi mises sur pied. La responsabilité du suivi de ces politiques décennales du développement sera confiée à la Banque mondiale. La première de ces cinq stratégies, c'est le développement par l'agriculture.

1.3.2 Les théories de la croissance et du développement par l'agriculture

Dans le souci de réduire l'écart entre les pays riches et les pays pauvres, l'assemblée générale des Nations Unies a préconisé le développement par l'agriculture comme première stratégie du développement pour la décennie 1960-1970.

C'est en s'inspirant des principes « ROSTOWIENS » qui conseillent aux pays sous-développés de suivre les étapes du développement qui ont été suivies par les pays de l'Europe occidentale. Cette stratégie consiste pour les pays du tiers monde à développer leur agriculture et plus spécialement l'agriculture de rapport qui leur permettra d'avoir des devises dont ils ont besoin pour financer leur croissance et leur développement. L'agriculture devait ainsi financer l'industrie par la fourniture des matières premières, de la main-d'œuvre et des produits vivriers nécessaires à l'alimentation de cette main-d'œuvre. Les populations rurales en majorité paysannes constitueraient un débouché certain pour les produits manufacturés. Le développement de l'industrie ainsi financée favoriserait à son tour la modernisation de l'agriculture par la fourniture des moyens de mécanisation agricole, des intrants agricoles divers (engrais, semences sélectionnées, pesticides, herbicides, etc.)

Bref, par son développement, l'agriculture serait alors à la base de la création des emplois, de l'élévation du niveau de vie par l'amélioration du revenu par tête d'habitant, de la mobilisation de l'épargne qui elle-même financerait encore l'industrie. La croissance tant recherchée serait ainsi réalisée et entretenue. Les pays sous-développés auraient ainsi réalisé leur décollage, et le retard entre eux et leurs anciens colonisateurs développés serait réduit.

L'analyse des faits sur terrain a démontré que dix ans après, soit en 1970, la situation agricole et alimentaire dans la plupart des pays d'Afrique était plus préoccupante qu'à leur accession à l'indépendance en 1960. Cette situation était tellement alarmante qu'elle a amené certains hommes de science à se demander si l'Afrique allait partir sur ce chemin du développement (Albert Meistre).

D'autres encore ont affirmé que l'Afrique noire était mal partie (René Dumond) dans ce combat pour le développement en acceptant de suivre le modèle occidental qui n'avait pour objectif que de l'insérer dans le système capitaliste en mettant ainsi fin aux velléités révolutionnaire et nationaliste qui ont émaillé les indépendances africaines des années 1960.

Devant ce constat amer et contraire aux attentes, l'assemblée générale des Nations Unies a conçu pour la 2e décennie du développement, une nouvelle stratégie, celle du développement par la coopération internationale.

1.3.3 Les théories de la croissance et du développement par la coopération internationale

L'assemblée générale tenue à New York en 1971 a estimé que pour vaincre la misère dans les pays sous-développés, il fallait une stratégie qui favoriserait les échanges au niveau international afin de permettre aux pays retardés d'avoir une part plus large des avantages découlant de la croissance des pays développés. Sans mettre en cause le cadre fondamental de l'économie mondiale, et sous la profession du groupe 77 présidé par l'indien Brajish Mishrfa, l'assemblée générale acceptera aussi que cette décennie mette sur pied les bases d'un nouvel ordre économique international (NOEI) enfin de mettre fin à la détérioration de termes de l'échange.

La stratégie du développement par la coopération internationale avait entre autres comme objectifs :

- Celui de soutenir, dans tous les domaines, l'effort de développement des pays pauvres par :
- La modification des règles et réglementations injustes et inappropriées actuelles dans les domaines des échanges commerciaux et des questions monétaires.
- Celui d'augmenter la part des pays pauvres dans la production industrielle et agricole mondiale par l'amélioration des infrastructures de transport et de communication.
- Celui de modeler le comportement des pays riches envers les pays pauvres par la prise en compte de point de vue de ces derniers dans les négociations et transactions internationales.
- Celui de transformer les structures commerciales actuelles caractérisées par la dépendance du Sud envers le Nord et d'établir une véritable interdépendance.
- Celui de favoriser l'équilibre de la balance de paiement des pays pauvres par :
- L'établissement d'un nouvel ordre international.

Cette décennie fut réellement caractérisée par une augmentation sensible au volume des échanges commerciaux d'une part et d'autre part, par une intensification de l'aide publique extérieure en faveur des pays dits en voie de développement.

La production commercialisée du cuivre congolais est passée de 302 300 tonnes en 1960, à 386 000 tonnes en 1970 et à 468 200 tonnes en 1981. La dette des pays du tiers monde, quant à elle, est passée de 86,6 milliards $US en 1971 à 391 milliards en 1979.

Par ces résultats décevants et paupérisant, la stratégie du développement par la coopération internationale a été fortement critiquée. Elle a, en fait créé et favorisé les inégalités entre les pays du sud (tiers monde) et ceux du centre en rendant ceux-là plus dépendants et plus vulnérables.

Les méfaits de la coopération internationale sont tellement apparents et désastreux pour les pays du tiers monde qu'ils n'ont pas besoin d'être démontrés. Dans son allocution en 1980, le Directeur général de l'UNESCO en la personne de Monsieur Amadou M'bow prononcée devant la 11e session extraordinaire de l'assemblée générale des Nations Unies tenues à New York, le 2 septembre 1980. Ce dernier avait stigmatisé ce désastre lorsqu'il écrit « qu'il faut reconnaître d'emblée, que les résultats obtenus jusqu'ici dans la coopération, restent très décevants eu égard aux besoins et aux aspirations des peuples qui forment la plus grande majorité de l'humanité.

La nouvelle décennie débute sous les auspices les plus préoccupants, il suffit de vivre quelques instants au contact des différents peuples pour sentir la misère qui accable le plus grand nombre d'entre eux et pour constater les signes avant-coureurs de bouleversement dont aucun pays ne serait à l'abri.

Cependant, en dépit du fait que l'interdépendance de leurs destins s'affirme chaque jour davantage, les nations du monde restent impuissantes à surmonter leurs égoïsmes. Elles ne parviennent pas à s'accorder sur une restriction de leurs rapports, qui ouvre les possibilités d'épanouissements à chacune d'entre elles. C'est ce qui ressort d'une lecture attentive du projet de stratégie du développement. On constate tout abord que de nombreux points font l'objet de position divergente, traçant, ainsi une sorte de géographie de la discordance, et même de la confrontation au sein de la communauté internationale.

Ces désaccords portent sur tout ce qui implique des engagements fermes, quantifiés et datés, sur les transformations industrielles requises des relations économiques internationales comme sur les problèmes des ressources naturelles ; sur les déclarations relatives à l'évolution du système monétaire international comme sur une participation plus équitable des pays en développement au processus de prise de décision en la matière. On est bien loin des perspectives tracées dans les textes adoptés en 1974 et 1975, en vue de l'établissement d'un ordre économique international.

Et pourtant il est urgent de sortir du dialogue des sourds qui s'instaure dans toutes les rencontres internationales, alors que de nombreuses sociétés sont au bord de ruptures graves. De la multiplication des famines à la persistance des maladies endémiques, de l'analphabétisme et de l'ignorance, de l'expansion du chômage au déracinement de populations entières, le malheur absolu s'abat aujourd'hui sur des centaines de millions de femmes, d'hommes et d'enfants. Une invisible ligne de démarcation est en train de séparer deux univers dont les chances de survie sont radicalement inégales. Et cette coupure est une offense à la conscience morale de l'humanité, avant de devenir une menace pour son devenir.

Si la communauté internationale s'est jusqu'ici révélée incapable de maîtriser l'immensité des problèmes posés, c'est qu'elle s'est plu souvent, refusée d'en envisager dans leurs interactions réciproques, en identifiant leurs causes profondes et en tirant la leçon de toutes les expériences accumulées ; c'est qu'elle a, en ligne générale fait prévaloir un point de vie conjoncturel à court terme l'une approche purement quantitative des choses.

Elle s'est ainsi condamnée, à ne voir que l'arbre, en ignorant la forêt, à prescrire des palliatifs là où s'impose l'intervention chirurgicale. En s'interdisant de monter aux sources de la misère, elle risque de réanimer la notion de coopération internationale à celle d'une aide qui s'apparente de plus à une humiliante charité… Or, la coopération telle qu'elle a été le plus souvent pratiquée, a eu pour résultats d'accroître la dépendance de nombreux pays du tiers monde, plutôt que de renforcer leurs capacités autonomes de développement… »[2].

Toujours pour condamner les résultats auxquels la coopération internationale est arrivée, Jacques Chirac, alors homme politique Français s'écriait lui aussi en ces termes : « Nous nous conduisons de manière scandaleuse à l'égard des producteurs Africains des matières premières. Nous devrions lancer une grande alliance pour le développement, de nature à rétablir plus de justice dans les rapports entre les pays développés et sous-développés. En effet, le fossé qui existe entre eux se creuse, cela

---

2 AMADOU MAHTAR, M., cité par RUTABINGWA, N., *Revue Zaïre-Afrique*, n° 149, novembre 1980, pp. 527-532

n'est plus supportable ni moralement ni politiquement » (Chirac, 1980 : 6).

1.3.4 Les théories de la croissance et du développement par l'ajustement structurel

Les institutions de Bretton Woods ont conçu et adopté des programmes d'Ajustement structurel comme la voie et le moyen le plus direct pour sortir les pays du tiers monde du sous-développement, reposant sur le postulat selon lequel la structure des économies de ces pays porte en elle-même les caractéristiques essentielles du sous-développement. La pauvreté généralisée et absolue, les pénuries alimentaires, la faible productivité, la base de la production insuffisante et une technologie passée constitue en fait de goulots d'étranglement qui proviennent de la structure de production, de consommation, de l'emploi, de la technologie et de l'organisation sociopolitique et politico-économique. Pour sortir ces pays du sous-développement, il n'est donc pas possible de trouver des solutions à ces maux profondément enracinés sans faire une analyse des structures et proposer ainsi des mesures propices à leur transformation.

En effet, les caractéristiques structurelles des économies africaines sont principalement :

1. Une économie essentiellement de subsistance et d'échange.
2. Une base de production étroite, disjointe et reposant sur une technologie arriérée et mal adaptée.
3. Le délaissement du secteur de l'environnement.
4. La dégradation de l'environnement.
5. Le Développement déséquilibré dû à la primauté donnée aux villes dans les politiques publiques en général et politique de développement en particulier.
6. La fragmentation économique.
7. La dépendance excessive des économies, notamment la dépendance à l'égard des facteurs de production extérieure.
8. La faiblesse des capacités institutionnelles.

9. Une structure socio-politique inefficace. (Nations Unies, 1989).

Par sa résolution 332 (XIV), la CEA a fait adopter les programmes d'Ajustement structurel, comme stratégie de développement pour la troisième décennie (1981-1990) par la conférence des Chefs d'États et des Gouvernements de l'OUA réunis à Monrovia en 1979. Cette stratégie sera complétée par le plan d'action de Lagos (PAL) adopté en avril 1980.

Dans sa substance, le programme d'Ajustement structurel visait trois objectifs fondamentaux :

1. Assurer un développement axé sur l'homme par l'atténuation de la pauvreté et l'amélioration du bien-être des populations.
2. L'établissement d'un processus auto entretenu de croissance économique et de développement.
3. La réalisation de l'intégration de l'économie africaine en assurant une autonomie collective nationale et régionale.

Pour atteindre ces objectifs fondamentaux, des objectifs intermédiaires devaient être atteints au préalable. Ces objectifs sont notamment :

- La réduction du déficit des comptes courants de la balance des paiements.
- La réalisation d'un équilibre entre les dépenses et les recettes publiques, ce qui implique une réduction du financement du déficit.
- Réduction de la taille du secteur public et amélioration de sa gestion.
- Élimination des distorsions de prix dans divers secteurs de l'économie.
- Libéralisation accrue des échanges commerciaux.
- Promotion de l'épargne intérieure dans les secteurs public et privé.
- Ajustement des taux de change au moyen de dévaluation.
- Politique des taux d'intérêt destinés à encourager l'épargne intérieure et une allocation judicieuse des ressources.
- Contrôle de la masse monétaire et du crédit.
- Politiques fiscales destinées à réduire les dépenses publiques et le financement de crédit.

- Dérégulation des prix et services et des facteurs intrants.
- Promotion et diversification des productions industrielles, agricoles et alimentaires (Nations Unies).

Déjà vers les années 1982, plusieurs pays africains, dont la République démocratique du Congo se sont lancés dans l'application rigoureuse des programmes d'Ajustement structurel. Au cours de la période 1980-1988, 33 pays africains ont bénéficié des arrangements du FMI, 12 pays ont bénéficié de la facilité élargie du Fond et 15 des prêts à l'Ajustement structurel de la Banque mondiale.

Mais, en dépit de tous ces efforts, la stratégie « Programme d'Ajustement structurel » a été un véritable échec. Car, constate le rapport de la ECA la crise a gardé toute son acuité. De nombreux pays africains sont passés de la stagnation au déclin ; des déficits alimentaires ont atteint des proportions inquiétantes ; le chômage s'est aggravé ; la sous-utilisation de la capacité industrielle s'est généralisée et la détérioration de l'environnement a menacé la survie même des Africains (ECA, 1989).

Un rapport de la Banque mondiale, classant les pays Africains en quatre groupes pour calculer leur taux de croissance, aux prix constants pendant l'application du programme d'Ajustement structurel, a clairement établi que les programmes d'ajustement structurel n'ont pas réussi à réduire les conséquences néfastes, de la crise économique Africaine à en juger par les performances des économies et les conditions socio-économiques des populations.

La Conférence internationale sur le facteur humain dans le redressement économique et le développement de l'Afrique, tenue à Khartoum en 1988 ; les études réalisées par la BM, le FMI, le BIT et l'UNICEF ont reconnu la gravité de la répercussion de l'ajustement structurel sur les conditions sociales dans les pays africains. Il va de plus en plus de preuve montrant que les programmes de stabilisation et d'ajustement détruisent les bases de la société africaine. Plus grave, les couches les plus touchées sont celles qui sont plus vulnérables c'est-à-dire, les femmes, les enfants, les personnes âgées qui constituent les deux tiers de la population.

Le BIT et l'UNICEF ont reconnu la gravité de la répercussion de l'ajustement structurel sur les conditions sociales dans les pays africains.

Les pays c'est-à-dire ceux, qui appliquent énergiquement les programmes d'Ajustement structurel, a réalisé un taux de croissance annuel moyen négatif de 1,53 % durant la période 1980 à 1987. Lors du lancement des programmes en 1980-1981, ces pays ont enregistré un taux de croissance du PIB négatif de 7,8 % suivi d'une amélioration en 1981-1982. En 1982-1984 la croissance du PIB a nettement baissé, enregistrant un redressement en 1985-1986 suivi à nouveau d'une baisse importante en 1986-1987. Le deuxième groupe et le troisième comprenant les pays qui appliquent faiblement les programmes d'Ajustement structurel ou ne l'applique pas du tout, a enregistré un taux de croissance annuel moyen de 1,2 et 3,1 respectivement pour la période allant de 1980-1987 en dépit de quelques chutes en 1983-1984 et en 1986-1987.

Il est démontré également que les pays Africains qui ont accepté d'appliquer les programmes d'Ajustement structurel, ont connu, après adoption de ces programmes, un déclin du taux de croissance du PIB de 2,7 % à 1,8 %, une baisse du rapport de l'investissement au PIB, de 20,6 % à 17,1 % une aggravation du déficit budgétaire de -6,5 % à -7,5 % du PIB une augmentation du rapport du service de la dette aux recettes d'exportations de 17, 5 % à 23,4 % (ECA, 1989).

Compte tenu de toutes les frustrations dues au fait que les programmes d'ajustement structurel n'ont pas atteint leurs objectifs et n'ont fait, par, contre, qu'accentuer la désarticulation des économies Africaines, des correctifs urgents seront mis sur pied afin de remédier aux faiblesses de ce modèle théorique de développement. Ce sera la naissance du « cadre africain de référence pour les Programmes d'Ajustement structurel en vue du redressement et de la transformation socio-économique (CARPAS).

Adopté le 10 avril 1989 par la conférence des ministres des Finances et ministres responsables de la planification économique et du développement d'Afrique tenu à Addis Abeba, le Carpas sera présenté comme le cadre par excellence pour le développement de l'Afrique comme le stigmatise bien la déclaration commune des différents responsables qui y ont pris part.

Déclaration commune d'Addis Abeba des ministres de la Planification économique et du Développement et des ministres des Finances d'Afrique sur le « cadre africain de référence pour les programmes d'ajustement structurel en vue de redressement et de la transformation socio-économique ».

1. Nous, ministres des Finances et ministres responsables de la planification économique et du développement d'Afrique, profondément préoccupés par la détérioration constante de la situation en Afrique et des conditions sociales des populations africaines, nous sommes réunis conjointement à Addis Abeba (Éthiopie) le 10 avril 1989. Nos travaux ont porté sur l'examen du Cadre africain de référence pour les programmes d'ajustement structurel en vue du redressement de la transformation socio-économique.
2. Nous avons été inspirés dans nos travaux par les recommandations faites par l'assemblée générale des Nations Unies à sa quarante-troisième session sur l'examen et l'évaluation à mi-parcours du programme d'action des Nations Unies pour le redressement économique et le développement de l'Afrique 1986-1990, selon lesquelles, notamment, les pays africains devraient redoubler d'efforts dans la recherche d'un cadre conceptuel et pratique viable pour les programmes d'ajustement structurel économique en tenant compte des objectifs et stratégies de développement à long terme aux niveaux national, sous-régional et régional.
3. En examinant le cadre africain de référence, nous avons pleinement reconnu les efforts courageux déployés par les gouvernements africains pour appliquer les reformes de politique générale qu'ils s'étaient engagés à mettre en œuvre dans le contexte du programme d'action des Nations Unies pour le redressement économique et le développement de l'Afrique. Nous avons également noté que dans la plupart des cas, ces réformes étaient entreprises dans le contexte difficile des programmes de sta-

bilisation et d'ajustement structurel appuyés respectivement par le Fonds monétaire international et la Banque mondiale.

4. Nous avons constaté que les programmes classiques structurels n'avaient généralement pas pris en compte la dimension sociale et humaine, les objectifs de développement à long terme et les besoins de transformation structurelle des économies africaines.
5. Nous considérons que le CARPAS est conforme aux objectifs de développement de l'Afrique tels qu'ils sont définis tant dans le plan d'action de logos que dans le programme d'action des Nations Unies pour le redressement économique et le développement de l'Afrique, 1986-1990. Ce cadre pourrait constituer un instrument de dialogue constructif avec les partenaires du développement de l'Afrique et aider à l'élaboration de programmes nationaux propres à assure un développement auto entretenu et équitable.
6. Nous avons donc adopté le cadre africain de référence pour les programmes d'ajustement structurel en vue du redressement et de la transformation socio-économique et décidé que ce document devrait être soumis aux instances appropriées.
7. Nous sommes fermement convaincus du fait que la population dans son ensemble doit être pleinement associée à l'élaboration, à la mise en œuvre et au suivi du cadre africain de référence pour les programmes d'ajustement structurel au niveau national. À cette fin, chaque pays devrait avoir une participation effective et consolider et approfondir ainsi le processus d'un développement national autonome.
8. Nous sommes en outre fermement convaincus que le CARPES nécessite un nouveau type de partenariat non seulement entre les gouvernements d'Afrique eux-mêmes mais aussi entre les gouvernements africains et ses partenaires du développement. Il est par conséquent essentiel que les gouvernements africains procèdent à des consultations entre eux-mêmes aux niveaux bilatéraux et

sous-régionaux pour l'élaboration, la mise en œuvre et son soutien au CARPAS. La compréhension de la communauté internationale et son soutien au CARPAS, notamment sous la forme de flux de ressources non autonomes accrus, sont également d'une importance cruciale.de même, un accroissement substantiel des flux de ressources autonomes et à des conditions non libérales est essentiel à la réussite du CARPAS.

9. Nous tenons à exprimer notre gratitude et notre satisfaction à la commission économique pour l'Afrique, sous la direction de son Secrétaire exécutif, pour son rôle de premier plan dans les initiatives d'ajustement structurel en vue de redressement et de la transformation socio-économiques.
10. Enfin, nous renouvelons notre gratitude au Gouvernement et peuple de la République populaire et démocratique d'Éthiopie et, en particulier au président Mengistu Haïle Mariam, Secrétaire général du parti des travailleurs d'Éthiopie, président de la République populaire et démocratique d'Éthiopie et commandant en chef de forces armées révolutionnaires, pour avoir encore une fois donné à l'Afrique l'occasion historique de se pencher sur une importante question et d'adopter un cadre africain de référence pour les programmes d'ajustement structurel en vue du redressement et de la transformation socio-économiques. Le soutien constant que le gouvernement et le peuple éthiopiens apportent à la commission a toujours grandement contribué au succès des travaux de ses sessions.

Comme politique décennale corrective de développement, le CARPES présentera ses instruments de politique et de mesures proposées pour assurer la croissance et le développement socio-économique en Afrique.

1.3.5 Les théories de la croissance et du développement par la démocratisation

Fondée sur l'idée lancée par Michaël Gorbatchev, dans son livre « perestroïka, vues neuves sur notre pays et le monde » paru aux éditions Flammarion en 1987 à Paris, la démocratisation ainsi envisagée provoquera le renversement de la quasi-totalité des dictateurs à travers le monde.

Elle sera ainsi considérée comme la condition sine qua non et la stratégie par excellente pour amener les pays du tiers monde au développement. Dans sa publication du 10 avril 1989, la commission économique des Nations unies pour l'Afrique (CEA), l'a clairement déclaré en ces termes : « pour atteindre les objectifs du développement, il faudra procéder à des changements profonds dans les domaines de la démocratisation de la société, sur les plans social et économique ainsi que dans les stratégies et politiques de développement. Les systèmes politiques devront évoluer vers une démocratisation véritable et une pleine participation de toutes les couches de la société. Ce n'est qu'ainsi que l'on pourra persuader les gents à accepter les sacrifices demandés et de consacrer toutes leurs énergies à l'œuvre de transformation. (ECA, 1989).

Des bouleversements politiques les plus spectaculaires seront vécus à travers l'Europe, l'Afrique, l'Asie, l'Union soviétique, elle-même n'en fut pas épargnée. Le mot d'ordre était le changement des animateurs politiques par des équipes issues de l'expression populaire à travers des élections libres, transparentes et démocratiques. « Le développement est impensable sans démocratie » déclarait François Mitterrand, lors de son intervention au sommet de Baule en France en 1990.

La stratégie du développement par la démocratisation impute donc la misère et la pauvreté absolue qui sévissent dans la plupart des pays du tiers monde à la bourgeoisie nationale d'État qui s'approprie du revenu national au détriment de son peuple. Tous les malheurs du peuple proviennent donc de cette opposition entre les intérêts de la classe au pouvoir et ceux du peuple. Partisan de ce courant de pensée, Benoît Verhaegen se livrera même à l'analyse de la structure de la bourgeoisie zaïroise.

Celle-ci est composée de la confrérie présidentielle qui se subdivise en plusieurs sous-groupes dont : la présidence de la République, les membres du Gouvernement, les clients et fidèles à la présidence, l'élite commerciale, l'élite syndicale, la magistrature, l'exile militaire, le clergé. Toutes ces catégories partagent une communauté d'intérêts économiques qui les oppose (en substance) à la classe populaire dominée et exploitée (Verhaegen, 1978).

Pour Kalunga Mawazo, l'analyse de Benoît Verhaegen a certes, le mérite de présenter la structure de la bourgeoisie Zaïroise, mais elle pêche par le fait qu'elle ne démontre pas l'origine pas cette bourgeoisie qui est en fait une dérivation de la grande bourgeoisie centrale dans le processus de massification ouvrière et paysanne en rejetant toute la responsabilité sur la bourgeoisie nationale qui n'est qu'une bourgeoisie de substitution au service du capitalisme impérialiste (Kalunga Mawazo, 2001).

Recommandée aux pays sous-développés comme stratégie de développement, la démocratisation a engendré et accéléré la désarticulation et la déconfiture des tissus économiques des pays dépendants à qui elle a été imposée. En effet, pour instaurer de régimes issus démocratiquement du peuple, des guerres ont éclaté dans la quasi-totalité des pays d'Afrique. Du Nord au Sud, de l'Est à l'Ouest, toute l'Afrique a pris feu. Des seigneurs des guerres sèment la mort et la désolation dans des villes comme dans les villages d'Afrique ; en tuant par milliers des paisibles et innocents citoyens déjà meurtris par la famine, les pandémies et toutes sortes de calamités. Des pays comme l'Algérie, le Maroc, la Mauritanie, le Sénégal, Liberia, le Tchad, République centre-africaine, le Soudan, la Somalie, l'Éthiopie, le Congo/Brazzaville, l'Angola, le Rwanda, l'Ouganda, le Burundi, le Zimbabwe, la République démocratique du Congo, la Côte d'Ivoire, le Nigeria, le Burkina ne seront pas épargnés par des lobbies monopolistiques à la quête des matières et des débouchés. Depuis qu'elle a été consacrée 4e décennie du développement, la décennie du développement par la démocratisation n'a produit que la destruction, des guerres civiles et internationales, l'accentuation de la pauvreté dans les pays en guerre.

Cette situation paradoxale amène Bernard Bret à se poser la grande question sur la situation qui caractérise la décennie 1990-2000 lorsqu'il écrit : « malgré, la crise, jamais autant des richesses n'ont été produites. Pourtant des hommes par centaines de millions vivent dans une misère profonde. Pourquoi alors la croissance n'a pas fait disparaître la pauvreté ? Comment est-ce que celle-ci s'articule avec la richesse ? Pourquoi alors les inégalités » (Bret, 1995).

La réponse à cette question fondamentale est à trouver dans la structure même du système capitaliste aujourd'hui mondialisé. En effet, comme le constatait déjà Lénine en 1916, le système capitaliste impérialiste est caractérisé par le fait que les monopoles capitalistes font tout pour s'assurer les profits supplémentaires gigantesques. Sous sa forme monopolistique et financière, le capitalisme moderne est devenu une puissance mondiale, internationale, qui a barré sur les états divisés en deux groupes : les riches et puissants qui pillent le monde et les autres, majorité, politiquement passés sous la dépendance non avouée des premiers. Le capitalisme passe donc du stade du capitalisme stricto sensu analysé et critiqué par Karl Marx, à une structure économique supérieure où s'effectue la socialisation de la production et où les rapports de propriété privée individuelle des moyens de production ne correspondent plus à la réalité observable. Ils voilent la réalité des monopoles (Lénine, 1916) confinée dans les contradictions propres au système capitaliste mondialisé, la stratégie du développement par la démocratisation des institutions politiques des pays sous-développés, au lieu de favoriser la transparente dans la gestion de la chose publique par la mise en congé des anciennes équipes nationales *compradorisées*, n'a produit que la course effrénée au repositionnement plongeant ainsi les nouveaux dirigeants des pays sous-développés dans une phase plus sophistiquée : celle de la « recompradorisation massive ». La croissance économique et le développement attendus de la transparence dans la gestion ont cédé leur place à la massification et à la pauvreté absolue des couches déshéritées que sont les paysans et les ouvriers, ce à cause de la destruction systématique des tissus économiques par des guerres substantielles commanditées à face voilée ou ouverte par les monopoles impérialistes centraux.

L'échec de la 4e décennie du développement ainsi va inspirer une nouvelle : c'est celle de la mondialisation et de la bonne gouvernance.

1.3.6 Les théories de la croissance et du développement par la mondialisation et la bonne gouvernance

Mondialisation et bonne gouvernance, voilà les termes qui sont à la une dans toutes les rencontres des organes spécialisés des Nations Unies lorsqu'il s'agit de mettre en œuvre des stratégies pour sauver l'autre moitié du monde qui se meurt.

La mondialisation, ou globalisation désigne d'une manière générale les phénomènes d'interdépendance à l'« échelle mondiale des sociétés contemporaines. Elle est présentée comme une contrainte incontournable, indépendante de la nature des systèmes sociaux. La mondialisation s'impose donc à tous les pays de la même manière, quelle que soit leur option de principe, capitaliste ou socialiste.

Pour que les pays sous-développés rattrapent leur retard sur le chemin du développement, ils sont appelés à réaliser un certain nombre d'objectifs intermédiaires dont :

- L'intégration de leurs économies dans le système mondial,
- L'ouverture de leurs frontières pour bénéficier des progrès technologiques, des produits manufacturés, des capitaux étrangers et autres valeurs réalisées par les pays développés du centre.
- La mise sur pied des codes et politiques d'investissement plus souple et plus attrayant pour réaliser le décollage industriel.
- L'intégration de leurs pays dans les structures communicationnelles mondiales en vue de bénéficier des facilités transactionnelles dans les domaines de la commercialisation (Internet) et de l'échange d'information dans les domaines économique, financier, politique, culturel et social.

  La mise sur pied des programmes éducationnels adaptés au rythme du développement de la technologie (Samir A. 1998).

Bref, la mondialisation est à la fois économique, politique, culturelle et sociale. Elle se présente comme une occasion en or, pour les pays sous-développés, d'obtenir à moindre coût, les inputs nécessaires à leur développement. Elle présente le monde comme un « village planétaire » où tout citoyen peut entrer en contact avec tout le monde, sans barrière aucune, pour réaliser son existence. La mondialisation, elle seule ne suffit pas, remarquent les penseurs bourgeois ; les richesses issues de la croissance réalisée grâce aux bienfaits de la mondialisation ne doivent pas être accaparées par la minorité au pouvoir. Cette classe dirigeante doit gérer les résultats de la croissance dans l'intérêt de tout le peuple.

Les fonds reçus en prêt des partenaires doivent être destinés à la réalisation des programmes sociaux et économiques en vue d'assurer une croissance autocentrée et auto entretenue. Cette stratégie de développement a, en dépit des avantages relatifs qu'elle comporte, subi des critiques très acerbes. Samir Amin, considère que le terme mondialisation, signe incontestable de l'interdépendance des hommes, n'est pas un terme nouveau car l'interaction des sociétés est sans doute aussi ancienne que l'histoire de l'humanité. Depuis deux millénaires au moins les routes de la soie ont véhiculé non seulement des marchandises mais encore soutenu des transports de connaissance scientifiques et techniques et de croyances religieuses qui ont façonné, l'évolution de toutes les régions de l'Ancien Monde, asiatique, africain et européen. Mais les mécanismes de ces intentions ainsi que leurs portées étaient fort différents de ce qu'ils sont devenus avec la diffusion du capitalisme. Cette mondialisation ancienne, fondée sur la soumission de la vie économique aux impératifs de la logique capitaliste de la reproduction de l'ordre politico – idéologique (le pouvoir est source de richesse) opposée à la logique capitaliste de la richesse qui fonde le pouvoir, offrait effectivement des chances pour les régions moins avancées de rattraper les autres. Régions attardées et périphériques, par rapport au centre (chine, Inde monde islamique), l'Europe a su, grâce à la mondialisation non capitaliste, rattraper son retard dans un temps fort bref, entre 1 200 et 1 500, pour s'affirmer comme un centre du type nouveau (Samir Amin, 1998).

La mondialisation capitaliste est par nature polarisante. Sa logique produit d'elle-même une inégalité grandissante entre les différents partenaires du système. Cette forme de mondialisation n'offre pas de chance de rattrapage qui sera saisie ou non selon les conditions internes des formations sociales en interaction. Les politiques volontaires d'expansion à mettre en œuvre pour assurer ce rattrapage entrent toujours en conflit avec les logiques unilatérales de l'expansion capitaliste ; d'où la nécessité, de mettre sur pied des politiques anti-systémiques de déconnexion ; c'est-à-dire des politiques capables de soumettre leurs rapports avec l'extérieur aux exigences prioritaires de leur propre développement (*idem*).

La mondialisation capitaliste est donc à la base de la dynamisation de loi de la valeur mondialisée qui favorise le développement des marchés des produits et du capital en segmentant le marché du travail ; ce qui entraîne nécessairement l'aggravation des inégalités dans l'économie mondiale.

Pour Samir Amin, la mondialisation capitaliste est synonyme de l'impérialisme qui n'est pas un stade suprême du capitalisme mais une caractéristique permanente. Le terme mondialisation est donc un substitut de l'impérialisme interdit dans les discours bourgeois.

Le caractère polarisant de la mondialisation capitaliste s'exprime et s'observe dans les politiques mises en œuvre pour créer la croissance et qui sont partout les mêmes : taux d'intérêt élevé, réductions des dépenses publiques sociales, démantèlement des politiques de plein-emploi et rétablissement systématique du chômage par des mesures de « départ volontaire », allégement de la fiscalité au profit des riches, dérégulation, privatisation. Toutes ces mesures ont pour objectifs d'assurer la domination par le bloc hégémonique anti-ouvrier, antipopulaire. La mondialisation fonctionne donc exclusivement pour permettre au centre de gérer la grave crise financière (la dévalorisation massive) en créant de débouchés pour le surplus des capitaux.

Tout l'arsenal discursif de la mondialisation au niveau économique, financier, politique, culturel et social, ne sert qu'à la pérennisation du capitalisme ; si elle ne se heurte pas aux obstacles sociaux puissants, elle entraîne fatalement l'aggravation des inégalités dans la répartition des revenus.

Il est certes vrai que le progrès réalisé dans le domaine de la communication sociale a accéléré ce phénomène de mondialisation qui se manifeste surtout par rétrécissement des distances entre les hommes et les nations du monde en faisant des problèmes de chacun les problèmes de tout le monde. Est-ce un signe de solidarité mondiale ? Nous ne le croyons pas à l'analyse des faits. À son début, la mondialisation n'affichait que son aspect économique et faisait régner la loi du capitalisme dans la gestion des biens. Mais aujourd'hui elle est devenue multidimensionnelle et institue de nouveaux rapports entre les habitants de la terre.

La mondialisation, écrivait Zaki Laidi, bouleverse comme ouverture à l'altérité, la conscience du temps, de l'espace et de l'autre. L'interdépendance des hommes s'est muée en minorisation Nord/Sud comme consécration de l'hégémonie de la minorité riche sur la majorité pauvre et appauvrie. L'exploitation et la méfiance mutuelle ont pris le pas sur la solidarité. Cela fait de la mondialisation, ce compagnon de la modernité, un moment incertain. La mondialisation est une radicalisation de l'incertitude parce que, d'une part elle n'implique aucun accord sur une même vision du monde, et d'autre part, tous les processus qui le nourrissent sont ambivalents : la fin de la contrainte géographique s'accompagne d'une revalorisation des lieux. L'appartenance à un même monde se double du processus de distanciation économique et culturelle sans précédent. La simultanéité planétaire se traduit enfin par une mondialisation du particularisme (Laidi, 1997).

La mondialisation, dans sa pratique, instaure donc le culte de la violence économique institutionnalisée. La paupérisation institutionnalisée à l'aide des outils idéologiques, traduit le caractère fétichiste de la politique des relations internationales où ce sont toujours les riches, forts et puissants qui donnent des ordres.

La mondialisation économique, politique, culturelle et sociale est une véritable sacralisation de la loi du loup dans le poulailler. Car comme l'écrivait encore Lado, dans les rapports Nord/Sud, le visage politique et ses contours mondiaux sont généralement dessinés par les intérêts économiques des nordistes qui cherchent dans le Sud des interlocuteurs intéressants et intéressés. La situation de l'Afrique en est un cas typique. La déconfiture de la plupart des États africains après les indépendances a souvent été la conséquence d'un double système particulièrement nocif ; une politique intérieure rompue à l'insouciance, qui privatise l'État et sacrifie l'intérêt commun à l'extravagance de l'intérêt particulier et à la grossièreté des caprices personnels d'une part, et d'autre part une politique internationale où le destin des organisations internationales est déterminé par la sacralisation des intérêts des puissances occidentales résolument acquises à l'idolâtrie du pétrodollar et toujours prêtes à justifier les moyens et les stratégies impies par les fins efficaces.

La théorie de la mondialisation capitaliste institue donc ainsi un matérialisme agressif inconciliable avec le prétendu humanisme de la démocratie occidentale, démocratie dont les idéaux de base (égalité, justice, fraternité) sont aujourd'hui dénués de sens et discrédités par la pratique sur terrain, pratique qui ne protège que la loi et la liberté du loup dans le poulailler.

La mondialisation ou capitalisme impérialiste ou encore capitalisme mondialisé ne peut donc pas être proposé comme cure à la massification ouvrière et paysanne qui se renforce de jour en jour. Cette stratégie institutionnalise par contre la polarisation impérialiste qui est à l'essence même du sous-développement permanent des peuples de la périphérie satellisée. Pour démontrer le caractère malicieux et faussement salutaire de la théorie de la mondialisation, A. Samir affirme qu'elle est synonyme de l'impérialisme. Elle s'articule autour du renforcement de cinq monopoles : le monopole des technologies nouvelles ; les monopoles du contrôle des flux financiers à l'échelle mondiale ; le monopole du contrôle de l'accès aux ressources naturelles de la planète ; le monopole du contrôle des moyens de communication et des médias ; le monopole des armes de destruction massive.

La mise en œuvre de ces monopoles est opérée par l'action conjointe, complémentaire mais parfois aussi conflictuelle, du grand capital, des multinationales industrielles et financières des États à leur service. Pris ensemble, ces monopoles définissent des formes nouvelles de la loi de la valeur mondialisée permettant la centralisation au bénéfice du grand capital des profits et surprofits tirés de l'exploitation différenciée fondée sur la segmentation du marché du travail. La mondialisation ne peut donc pas permettre le « rattrapage » par l'industrialisation des périphéries dynamiques, mais fonde une nouvelle division internationale inégale du travail dans laquelle les activités de production localisées dans les périphéries subalternisées, fonctionnent comme des sous-traitants du capital dominant (Samir Amin, 1998).

Il est donc facile d'imaginer le tableau d'une mondialisation future cohérente avec cette forme de la loi de la valeur mondialisée. Les centres dominants conserveraient leur avantage reproduisant les hiérarchies déjà visibles : les USA conserveraient l'hégémonie mondiale par leurs positions dominantes dans la recherche-développement, le monopole du dollar et celui de la gestion militaire du système ; flanqués de seconds (le Japon, pour sa contribution à la recherche du développement, la Grande-Bretagne comme associée financière, l'Allemagne pour le contrôle de l'Europe). Les périphéries actives de l'Asie de l'Est, de l'Europe Orientale et de Russie, l'Inde, l'Amérique Latine constituent les zones périphériques principales du système, tandis que l'Afrique, et les mondes arabes et islamiques, marginalisés seraient abandonnés à des convulsions qui ne menaceraient personne d'autre qu'eux-mêmes. Dans les centres, les activités liées aux cinq monopoles impliqueraient la gestion d'une société à « deux vitesses » comme on le dit déjà, c'est-à-dire une marginalisation par la pauvreté, les petits emplois et le chômage de fractions importantes de la population (*idem*).

1.4 La théorie de l'aide extérieure

Cette théorie est fondée sur l'analyse keynésienne qui propose une politique économique visant à développer le pouvoir d'achat et d'inciter ainsi les entrepreneurs à investir. L'aide internationale est ici reconnue, dans l'ordre économique mondial comme indispensable au développement. Cette responsabilité sera confiée à la Banque mondiale qui sera ainsi la première institution multilatérale de financement.

La théorie de l'aide extérieure considère l'investissement comme un élément fondamental pour permettre aux pays en voie de développement d'échapper à l'équilibre avec le sous-développement comme il permet aux pays développés industrialisés d'éviter le déséquilibre avec le sous-emploi.

Comme nous allons le démontrer au chapitre deux de la deuxième partie, l'aide extérieure ne doit pas être considérée comme un acte gratuit, car il serait peu responsable d'ignorer et de nier tous les mobiles politiques et la rentabilité économique que tirent les pays donateurs. Elle est même considérée aujourd'hui comme la seule solution à la « dévaluation massive » au sens arminien car elle permet au pays donateur, non seulement de maintenir ses intérêts impérialistes mais surtout de réaliser la « financiarisation » capitalistique, processus indispensable à la survie du capitalisme en tant que système.

1.5 Les théories du développement par le cercle inclidentiel

Cette théorie s'oppose aux théories capitalistes du développement et se propose comme solution pour atteindre un développement harmonieux.

Elle consiste à la création des capitaux à partir d'autres capitaux d'une manière cyclique. Il faut souligner ici qu'un salaire significatif est une condition sine qua non pour la réalisation du processus de la formation des capitaux et donc du schéma du cercle *incidentiel* tel que le démontre le schéma ci-dessus.

Le schéma du cercle ***incidenciel***

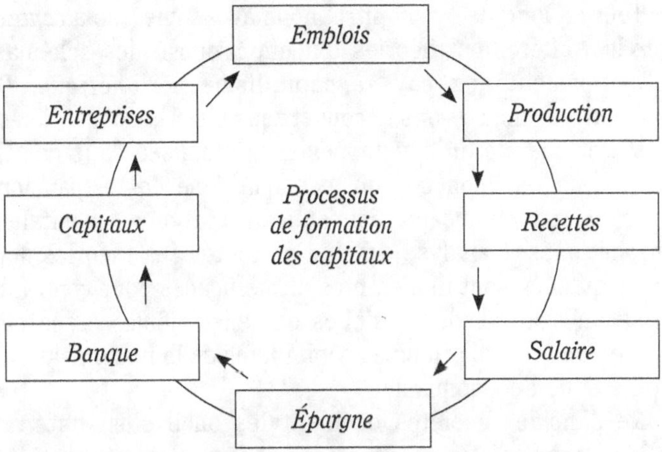

Au regard de ce schéma, nous remarquons un hiatus qui se crée en ce qui concerne le bassin minier de l'Ex-Katanga faute d'une politique salariale adéquate qui ne permet pas d'épargner et par conséquent le processus de formation des capitaux n'a toujours pas commencé d'où la figure ci-dessus.

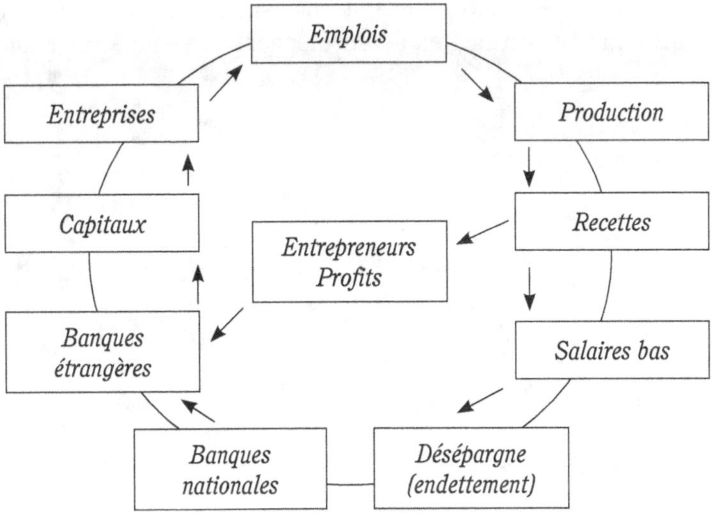

1.6 Conclusion

Tout au long de ce chapitre, nous avons cherché à *contextualiser* les différentes théories qui ont proposé des schémas de développement aux pays à capitalisme périphérique. Dans nos analyses nous avons découvert que c'est la conception capitaliste et libérale du développement formalisée dans des théories savamment conçues qui est à la base de l'expansion du mode de production capitaliste et de la création des capitalismes périphériques. L'analyse critique de toutes ces théories nous a révélé qu'elles sont inopérantes et inefficaces pour venir à bout de la pauvreté absolue qu'elles ont elles-mêmes créée par la mise en œuvre des principes capitalistes de la maximisation des profits et de l'économisme.

Né dans les sociétés occidentales où il s'est buté à ses propres contradictions (surproduction et surcapitalisation), le système capitaliste a émigré vers la périphérie, devenant un substitut et une dérivation : le capitalisme périphérique dont les objectifs fondamentaux ne seront que ceux d'alléger les cycles dépressifs et d'allonger les périodes de prospérité au centre. Ce chapitre nous a également révélé que les différents modèles théoriques de développement, dévoilés de leur carcan idéologique, sont des instruments de massification des désœuvrés plutôt que des stratégies de développement socio-économique.

Chapitre II

Données sociodémographiques

•

2.1 Introduction

La réalité sociodémographique est un des éléments importants car c'est là que ressortent les caractéristiques de la population spécifique sous étude (population de l'hinterland minier de l'ex-Katanga). Les données sociodémographiques nous permettent enfin d'aboutir à des conclusions significatives. C'est le cas pour nous de cerner la question de la précarité en intégrant des réalités sociodémographiques des exploitants artisanaux des minerais. Par les caractéristiques socioculturelles et économiques des membres composant les ménages pour discuter de la qualité de vie des enquêtés. Tous ces facteurs sont des éléments importants dans le débat sur la solidarité.

2.1.1 Âge des enquêtés

Âge	Lubumbashi	Likasi-Kambove	Kolwezi	Total	
20-24	2	15	3	20	7,8
25-29	2	22	7	31	12,1
30-34	9	54	11	74	28,9
35-39	12	41	8	61	23,8
40-44	16	13	6	35	13,7
45-49	12	12	1	25	9,8
50 +	3	7		10	3,9
Total	56	164	36	256	100,0

La réalité démographique de ce tableau est typique des pays en voie de développement. La déclinaison serait due à plusieurs facteurs (les mauvaises conditions de l'habitat, l'insuffisance alimentaire, voire à l'inexistence des infrastructures de base et le manque d'assainissement du milieu). En RDC, l'espérance de vie reste faible. En 1998, elle était estimée à 47 ans pour les hommes et 49 ans pour les femmes. Nicolaï (2009 : 274), rapporte que les pourcentages des personnes de plus de 64 ans sont de 2,8 % seulement en 2000 et ne dépassera pas 5,6 en 2025. Le Rapport mondial sur le développement humain de 2006, qui évalue l'indice de développement humain dans 160 des 177 pays ou territoires membres des Nations unies, révèle qu'en Afrique subsaharienne, une personne peut espérer vivre en moyenne 46 ans, soit 32 ans de moins que dans les pays à indice de développement humain élevé.

Dans le bassin minier du Katanga, les conditions de vie ne sont pas bonnes pour la majorité de la population. Celle-ci n'a pas un travail rémunérateur et assurant. Beaucoup de ménages survivent grâce aux activités informelles. Les jeunes en activité ne s'adonnent plus aux lourds travaux qui ne sont pas sans conséquence sur leur santé.

De ce tableau, 72,7 % des creuseurs ont l'âge variant entre 20 et moins de 40 ans. Faute de trouver un emploi salarié, ces jeunes se lancent dans les activités informelles qui leur permettent d'assurer leur quotidien. L'exploitation artisanale exige de l'endurance physique et présente un grand risque pour les exploitants. Les éboulements, les accidents, les chutes sur des terrains escarpés sont autant des dangers auxquels ils sont exposés. 27,3 % par contre sont âgés de plus de 40 ans. Ne trouvant pas d'autres opportunités pour leur vie, ils n'ont plus d'autres choix que de creuser les minerais. Cette situation est en contradiction avec les richesses que renferme la RDC.

2.1.2 Situation matrimoniale

	Lubumbashi	Likasi-Kambove	Kolwezi	Total	
Célibataires	11	25	15	51	19,9
Mariés	43	136	20	199	77,7
Divorcés	1	3	1	5	2,0
Veufs	1	0	0	1	0,4
Total	56	164	36	256	100,0

La précarité économique dans laquelle vivent les enquêtés ne les empêche pas à se marier. La grande majorité des enquêtés sont mariés. Autrement, ils sont chefs de ménage et sont contraints à subvenir aux besoins de leurs dépendants. Presque 20 % de ces enquêtés sont célibataires. Leur jeune âge et les contraintes socio-économiques ne les incitent pas à s'engager dans la vie conjugale.

La législation congolaise reconnaît à l'épouse la capacité de réclamer le divorce en cas d'adultère du mari. Dans la pratique, la coutume a préséance sur le droit écrit surtout dans les conflits familiaux. C'est pourquoi, toutes les affaires familiales ne sont pas portées en justice. La logique est que les conflits familiaux se traitent généralement en famille. Le tribunal est considéré par plusieurs Katangais comme une institution de propagation de la honte. Il expose les affaires familiales sur la sphère publique. En résolvant l'affaire en famille, les protagonistes sauvegardent l'honneur et se protègent contre la honte. Notons néanmoins que beaucoup de cas de divorce sont causés par les maris que par les épouses. Pour cette étude, quelques cas de divorce ont été rapportés. Ils sont soit causés par l'abandon de l'épouse par le mari. Ce dernier étant parti dans la carrière et n'est plus revenu.

2.1.3 Nombre d'enfants

	Lubumbashi	Likasi-Kambove	Kolwezi	Total	
0	11	25	15	51	19,9
1	2	5	1	8	3,1
2	5	13	4	22	8,5
3	8	12	4	24	9,4
4	9	13	4	26	10,2
5	10	58	1	69	27,0
6+	11	38	7	56	21,9
1	56	164	36	256	100,0

Ce tableau montre que les enquêtés ont des ménages de grande taille car ils abritent plus de six personnes. Il y a des enfants biologiques du ménage et des parents hébergés. Cette dimension laisse penser que l'économique n'explique pas exclusivement l'extension des familles. Il s'observe qu'il n'y a pas forcément une réadaptation de la planification par rapport aux contraintes urbaines.

2.1.4 Niveau d'études des exploitants artisanaux

	Lubumbashi	Likasi-Kambove	Kolwezi	Total	
Sans niveau	9	18	11	38	14,8
Primaire	7	17	6	30	11,7
Secondaire	35	115	14	164	64,1
Supérieur ou universitaire	5	14	5	24	9,4
Total	56	164	36	256	100,0

De manière globale, 26,5 % des enquêtés ne sont pas assez instruits. Cependant, plus de la moitié sont détenteurs d'un diplôme d'État. Ils sont relativement nombreux à détenir un brevet de cycle court. À l'inverse, les enquêtés détenteurs d'un diplôme d'études supérieures ou universitaires n'atteignent pas 10 %. Néanmoins, leur état montre la difficulté d'insertion professionnelle. Faute de trouver un emploi salarié, ces enquêtés se lancent dans l'exploitation artisanale des minerais afin de subvenir aux besoins de leur ménage.

Cette stratégie consiste à accepter l'emploi qui s'offre sans tenir compte de son niveau d'étude car la « précarité du travail est préférable au chômage, même si elle n'est pas forcément économiquement rentable » (Dubet, 2006, pp. 131-134). Le travail salarié est un symbole de respect et de considération sociale. Dans ce contexte de fragilité, les individus n'ayant pas de parapluies s'investissent dans les activités informelles lucratives pour leur survie. Ils ne tiennent plus compte de leur niveau d'études, d'où l'expression *takuria français ao diplôme* « mangerai-je le français ou le diplôme ? ». Cela sous-entend un dépassement de soi chez les diplômés pour survivre. Il n'est plus question de rêver mieux mais de s'assurer le minimum vital. De ce fait, il n'est pas étonnant de rencontrer un diplômé de l'université qui est creuseur ou un manutentionnaire dans un magasin.

2.1.5 Ancienneté dans la carrière

	Lubumbashi	Likasi-Kambove	Kolwezi	Total	
Moins d'une année	11	7	9	27	10,5
1-4	5	11	3	19	7,4
5-9	9	55	9	73	28,5
10-14	17	72	6	95	37,1
15-19	12	13	6	31	12,1
Plus de 20	2	6	3	11	4,3
1	56	164	36	256	100,0

L'ex-province du Katanga est l'une des riches provinces de la République démocratique du Congo en potentialités minières et naturelles. Faute d'une bonne gouvernance des entreprises publiques et de manque d'une politique de sécurisation et de création des emplois, il s'observe une main-d'œuvre massive au chômage en dépit des richesses qu'elle renferme.

Les personnes ne trouvant pas de l'emploi dans le secteur formel s'engagent dans l'exploitation artisanale des minerais. Comme le tableau le montre, plusieurs enquêtés, soit plus de 60 % ont une ancienneté de plus de 5 ans dans l'exploitation artisanale des minerais. Un secteur qui leur garantit une stabilité de leur ménage en dépit des risques qu'ils encourent à chaque fois qu'ils s'y rendent.

2.2 Conclusion

Au seuil de ce chapitre, il ressort que plusieurs facteurs sont à la base de la déclinaison. C'est notamment l'inaccessibilité à l'habitat, l'insuffisance alimentaire, l'inexistence des infrastructures de base et le manque d'assainissement du milieu. Ce qui crée une certaine disparité dans le chef des populations de l'hinterland minier se lançant ainsi à la débrouille notamment les activités d'exploitation artisanale des minerais non pas de manière officielle mais à la sauvette (cas des creuseurs). Cette pratique dénote d'une certaine précarité où les individus ne s'assurent d'aucune sécurité mais bien plus la recherche de réponse tant soit peu aux besoins fondamentaux de leur ménage.

Cette réalité ne peut être saisie que par la prise en main des données sociodémographiques qui caractérisent les populations sous examen qui sont même le reflet de celles-ci. C'est ce que l'on appelle une espèce de photographie sociale qui permet au sociologue la lecture sociologique du pourquoi et du comment du fait de leur précarité économique.

Chapitre III

Loi minière et évolution socio-économique

•

3.1 Introduction

Depuis l'époque coloniale, les ressources minières de la République démocratique du Congo n'ont cessé d'être un objet de convoitise. Cette situation avait amené le Congo Belge à légiférer sur la recherche et l'exploitation des substances minérales par le décret du 16 décembre 1910 qui sera modifié et complété par le décret du 16 avril 1919 dans la Province du Katanga. Cette législation a été abrogée plus tard et remplacée par le décret du 27 septembre 1937 pour l'ensemble du territoire national. Ce décret est resté en vigueur jusqu'en 1967, année de la promulgation de la première législation minière du Congo indépendant par l'ordonnance loi n° 67/231 du 3 mai 1967. Cette dernière a été à son tour abrogée par l'ordonnance loi n° 81-013 du 2 avril 1981 portant législation générale sur les mines et les hydrocarbures.

3.2 La loi 67/231 et ses motivations

L'histoire de l'évolution de l'industrie Katangaise est étroitement liée à celle de l'industrie minière et, en particulier, à celle de l'Union Minière du Haut-Katanga devenue par la suite la Générale des Carrières et des Mines (Gécamines). L'exploitation minière a été le moteur de l'émergence d'une base industrielle et, notamment, d'une industrie manufacturière pour les biens de consommation dans l'Ex-Province du Katanga.

La plupart des industries de l'Ex-Province sont concentrées dans le Sud, c'est-à-dire essentiellement dans les districts de Kolwezi actuelle Province du Lwalaba et du Haut-Katanga, tandis que le nord de la région est plus orienté vers l'agriculture et la pêche. Les industries dont il va être question dans la présente section sont essentiellement localisées dans les deux districts du sud du Katanga. L'Union Minière du Haut-Katanga (UMHK), en tant que grande entreprise minière, a toujours été entourée par des PME et des grandes entreprises. Certaines d'entre elles furent créées par des capitaux privés ; d'autres sont le fruit d'une coopération entre l'UMHK et les capitaux privés et d'autres encore ont été créés par l'UMHK elle-même, toutes pour être prioritairement à son service. Parmi les entreprises créées avec une participation de l'UMHK, on peut citer la société métallurgique du Katanga (METALKAT) à Kolwezi créée en joint-venture avec les usines de zinc belges, tandis que le Chemin de fer Compagnie du Chemin de fer, Benguela Railway Co, le Chemin de fer du Bas-Congo au Katanga (BCK) font partie des sociétés privées, créées pour acheminer les produits miniers vers les différents ports africains à destination de la Métropole. C'est également le cas des savonneries, des huileries, des industries textiles qui ont vu le jour grâce à la demande de l'UMHK ou de ses travailleurs. Parmi les entreprises appartenant à l'UMHK, mais jouissant d'une certaine autonomie de gestion, on peut citer les différentes centrales hydroélectriques fournissant l'énergie électrique indispensable au traitement des minerais : la Centrale de Bia, la Centrale de Francqui, la centrale Delcommune, la Centrale le Marinel. L'UMHK a créé des Câbleries et Laminoirs (Latreca) et les Minoteries de Kakontwe pour faire face aux contraintes de consommation interne.

Cette intégration fut renforcée durant la Seconde Guerre mondiale qui coupa l'approvisionnement en consommables et autres intrants de l'UMHK en provenance de la Métropole. C'est ainsi qu'une politique consciente fut menée par les autorités coloniales pour promouvoir le tissu industriel local. Le quartier Industriel de Lubumbashi dans lequel ont été concentrées toutes les PME et grandes entreprises œuvrant pour les différents besoins de l'UMHK puis par la suite de la GCM est le résultat de cette politique.

La particularité du paysage industriel katangais au moment de l'âge d'or de la Gécamines est le haut niveau d'intégration des PME provinciales à la grande entreprise minière à laquelle elles étaient liées soit directement en tant que fournisseurs de services et/ou des consommables, soit indirectement en tant que fournisseurs en biens de consommation pour les familles Gécamines. Après l'accession du Congo à l'indépendance.

Le budget provincial du Katanga indique l'absence quasi-totale des recettes fiscales provenant de l'exploitation minière artisanale durant les trois dernières années 1960, et la nationalisation du capital de l'Union Minière du Haut-Katanga et de toutes les grandes entreprises congolaises. Le Gouvernement congolais fit recours à la Gécamines pour financer le budget public et développa un mode de gouvernance clientéliste qui contribua grandement à alourdir la charge sociale de la Gécamines avec un personnel qui passa de 11 136 agents en 1936 à 26 211 agents en 1996, alors que dans le même temps la production par travailleur passait de 1 126,6 tonnes de cuivre par an en 1936 et 38,8 tonnes en 1996. En plus de ce personnel que l'on peut qualifier de pléthorique, la Gécamines a été chargée par l'État congolais des obligations d'assurer non seulement ses propres écoles et hôpitaux, mais également des hôpitaux publics qui connurent des problèmes à la suite d'une mauvaise gouvernance. Avec une telle charge et suite aux ponctions financières régulières de la part des Gouvernants, la Gécamines s'effondra. L'incapacité de la Gécamines à honorer les factures des fournisseurs a eu un effet très négatif sur la cartographie industrielle katangaise. Beaucoup des PME dépendant principalement de la Gécamines firent faillite, d'autres traversèrent une terrible période de crise. C'est ainsi qu'une grande partie de ces dernières fermèrent progressivement leurs portes, entraînant le Katanga dans un processus de désindustrialisation.

Le secteur agroalimentaire est très varié et regroupe les entreprises agroalimentaires suivantes :

1. Les minoteries (Minoteries du Katanga, Minoterie de Kakontwe, minoterie Traminoco...), produisent la farine de maïs, aliment de base dans la Province du Katanga ;
2. Les boulangeries (Boulangerie la Brioche, boulangerie Bon pain, boulangerie Qvadis, etc.) ;
3. Les biscuiteries (biscuiterie VAP (Hagegeorgiou Christos), Biscuiterie Relacom, etc.) ;
4. Les huileries (huileries Amato Frères, Huileries du Congo, etc.) ;
5. Les entreprises brassicoles (Brasimba, Bralima) qui produisent la bière et les limonades. Les entreprises brassicoles sont les plus importantes du secteur agroalimentaire du point de vue de l'emploi et des investissements effectués pendant la période de boom. Ces entreprises ont continué à investir dans leur outil de production en pleine crise financière internationale ;
6. Les fermes industrielles produisant du lait, le yaourt, mais également de la chair de poulet, les légumes, (Fermil, Hyperpsaro, Bazano, etc.) ;
7. Les fermes élevages : les entreprises Grelka, Elgyma, ainsi que Elakat sont très actives dans l'élevage, fournissant ainsi aux boucheries de la ville de Lubumbashi la viande de bœuf et de porc.

3.3 La situation économique pendant la mise en œuvre de la loi minière 67/231

La situation économique pendant la mise en œuvre de la loi 67/231 a connu une évolution de plusieurs paramètres et cela sur plusieurs plans.

Grâce à cette loi, cette période a connu la mise en place d'un grand nombre d'unités de production qui ont eu à influer positivement sur sa situation économique.

3.3.1 Sur le plan de production :

La production à cette période était ascendante sauf la période allant de 1997 à 1999. Cette période se justifie par les guerres qu'avait connues le pays dont une de libération conduit par l'Alliance des Forces démocratiques pour la Libération (AFDL) et l'autre d'invasion avec la coalition rwando-ugando-burundaise. Ces deux guerres avaient un impact négatif sur la production (cf. tableau *supra*).

3.3.2 Sur le plan des flux monétaires :

De ce point de vue il a été remarqué que les chiffres d'affaires présentés par les entreprises étaient en flèches ce qui a entraîné considérablement un flux monétaire.

3.3.3 Sur le plan de flux industriel :

Cette loi minière a produit le développement d'un flux industriel avec la création des sociétés en amont comme en aval.

En amont, il y avait toutes les sociétés qui devraient fournir les matières nécessaires à l'exploitation minière notamment :

– Dans le domaine de fourniture des matières premières :

Dans ce cadre nous avons le cas des entreprises comme Afridex pour la fourniture des explosifs, Sogechim pour la fourniture d'acide sulfurique actuellement dénommée la Division d'Acide, la Compagnie du Ciment métallurgique de Likasi pour la fourniture du ciment qui devrait servir à la construction des usines d'exploitation minière, la CCC, etc.

– Dans le domaine énergétique :

Sont créées des sociétés de construction de barrage hydroélectrique et des fournitures d'énergie électrique notamment Sogefor sur le fleuve avec le barrage de Nzilo et Nseke, sur la rivière Lufira avec le barrage de Mwadingusha et le barrage de Koni dans la marinel.

La Sogelec qui était chargée de la distribution du courant électrique, le Charbonnage de Lwena pour la fourniture de charbons qui devraient servir dans des fours ; la société Delcomin pour la construction d'un autre barrage hydroélectrique de Mpiana Mwaunga sur la rivière Luvua pour la fourniture en énergie électrique de la société Zaïre étain.

– Dans le domaine agricole :

En ce qui concerne ce domaine, il allait de soi que son développement s'ensuit dans la mesure où il fallait desservir la population travailleuse en denrées de première nécessité. C'est le cas des sociétés agropastorales comme la Gécamines développement avec les fermes de Mangombo, Kando, Kasonga, Kakontwe et les élevages de grand élevage du Katanga (Grelka), Élevage de Kundelungu (Elkun), la Pêcherie de Kasangala, etc.

En aval, il y a eu la création des entreprises pour le transport des minerais comme la société de Chemin de fer du Bas Congo Katanga (BCK) qui sera scindée en Office National de Transport pour la partie ouest, la société Kinshasa Dilolo Lubumbashi (KDL) l'actuelle société nationale de Chemin de fer congolais pour la partie sud et centre, la Société de Chemin de fer du Grand Lac (CFL) dans la partie Est et la société USMO dans la partie couvrant Isiro, Aru, Aketi, Bumba, etc.

À celles-ci, il faut ajouter les entreprises comme la Brasserie du Katanga, les usines de concentration et les usines métallurgiques, les différentes banques commerciales, le Laminoir Tréfilerie et Câblerie (LATRECA), etc.

Parmi les usines de concentration nous citerons à titre d'illustration le concentrateur de Kipushi, le concentrateur de Kambove, le concentrateur de Kamoto, etc., et parmi les usines métallurgiques nous illustrons avec l'usine métallurgique de Shituru, l'usine métallurgique de Luilu, l'usine métallurgique de Lubumbashi, les fours électriques de Panda à Likasi (FEP).

3.4 La situation socio-économique pendant la mise en œuvre de la loi minière 67/231

À la lumière de cette loi, l'on peut faire une photographie sociale de la manière que la population arrive à satisfaire ses besoins sociaux et économiques.

D'emblée, avec le développement des flux industriels, l'emploi est créé. La Gécamines à elle seule employait plus de 33 000 agents et la société nationale de Chemin de fer 18 000 agents sans compter les autres entreprises comme la Sodimico avec près de 16 000 agents, etc.

La première loi minière a permis donc la mise en place d'un salariat au Congo ce qui permettait aux agents d'accéder régulièrement à leur salaire du mois. Et ceci leur permettait de répondre à leurs besoins socio-économiques.

Il s'est observé aussi l'amélioration des conditions sociales notamment :

– Sur le plan de l'habitat : avec la construction des logements pour les travailleurs, avec l'adduction d'eau potable, l'électrification des habitations des travailleurs.

– Sur le plan éducationnel : avec la construction des écoles en faveur des enfants des travailleurs cas types des écoles comme Maadini, Ukweli, Mawazo, Institut Technique de Mutoshi, les écoles professionnelles comme l'institut Tshuma de Kolwezi, l'institut professionnel de Luilu et d'autres nombreuses écoles primaires dans chaque cité de la Gécamines.

– Sur le plan sanitaire : la création des hôpitaux et autres services sanitaires dans le but de prendre en charge en matière de soins de santé les personnels ainsi que leurs familles ; nous citons à titre exemplatif l'hôpital de la Gécamines Sud et la clinique pour les cadres en ce qui concerne la ville de Lubumbashi, l'hôpital Panda et la clinique Panda pour la ville de Likasi et l'hôpital du Personnel et la clinique pour les cadres en ce qui concerne la ville de Kolwezi sans compter les hôpitaux mis en place par les autres sociétés crées en amont comme en aval par la SNCC, la SNEL, la Régideso, etc.

– Sur le plan alimentaire : avec le développement des entreprises agropastorales, la Gécamines avec d'autres sociétés avait développé le système des cantines où les travailleurs pouvaient s'approvisionner de manière permanente en produits de première nécessité à moins cher.

– Sur le plan circulatoire : les routes reliant les différents centres d'exploitation étaient soit asphaltées soit en terre battue mais très souvent entretenues et permettaient la grande circulation. Il sied de signaler que cette circulation aisée a facilité les échanges commerciaux et la libre circulation des personnes et même faciliter le développement des commerçants privés. Ce flux circulatoire a aussi favorisé le développement des activités récréatives et sportives comme le football, le volley-ball, le hand-ball, les arts martiaux et la boxe, la fanfare, qui étaient parmi les meilleures de la République et invitée tout le temps dans les cérémonies officielles.

3.5 Conclusion

Au terme de ce chapitre, nous estimons que pendant la mise en œuvre de la loi 67/231, le bassin minier de l'Ex-Katanga avait connu une croissance dont les effets sur l'emploi ne sont pas à démontrer.

Des milliers de personnes étaient embauchées soit à la Gécamines soit dans d'autres entreprises créées en amont comme en aval. Ce qui justifiait même l'opération des engagements dans les sociétés où le Belge allait chercher des recruts dans d'autres coins de la République et même hors du territoire national.

À ces jours, la vie socio-économique est en pleine stagnation, plusieurs entreprises ont été créées avec la deuxième loi minière qui avait comme visé la création de l'emploi, l'autorisation de l'exploitation artisanale dans le but de faire émerger une classe moyenne. Contradictoire, les emplois créés ne sont que précaires au salaire qui ne répond pas à la couverture des besoins fondamentaux. La classe moyenne n'est restée que dans le discours du politique alors que sur le terrain l'inefficacité et l'incapacité d'épargner démontrent à suffisance que cette classe moyenne n'est qu'un mort-né sinon une utopie du politique car le processus de formation des capitaux comme démontrer *supra* n'est possible qu'avec l'épargne.

Chapitre IV

Le code minier et le vécu des populations

•

4.1 Introduction

Dans le présent chapitre, nous observons l'évolution socio-économique du bassin minier de l'Ex-Katanga depuis la promulgation de la deuxième loi minière de 2002. Il nous appartiendra aussi de ressortir son impact tant sur le plan social qu'économique dans l'espace du bassin minier de l'Ex-Katanga ainsi que sur ses habitants.

4.2 Les mobiles socio-économiques de la loi minière 007/2002

Cette législation minière n'a pas été un fait du hasard en République démocratique du Congo. Dans son exposé de motifs, elle stipule : « Bien de chercheurs et d'investisseurs miniers ont été attirés par les ressources et substances minérales que regorgent notre pays ; d'où la législation sur la recherche et l'exploitation des substances minérales pour réglementer ce domaine.

Il ressort de l'analyse objective de toutes les données bilantaires des activités minières disponibles à ce jour, que les législations promulguées après l'indépendance de la République démocratique du Congo, c'est-à-dire depuis 1967, n'avaient pas attiré les investissements, mais qu'elles avaient plutôt eu un impact négatif sur la production minière du pays et sur les finances publiques. Et que les régimes minier, fiscal, douanier et de change qu'elles avaient organisés n'étaient pas incitatifs.

Ensuite, il a été démontré que les volumes d'investissements et de la production minière ont été plus importants dans la période allant de 1937 à 1966 contre 38 seulement entre 1967 à 1996 et 7 dans la période d'après 1997 »[3].

Le mobile d'être de cette législation est de remédier aux insuffisances des précédentes lois. Mettre sur pied une nouvelle législation incitative avec des procédures objectives, rapides et transparentes d'octroi des droits miniers ou des carrières dans lesquelles sont organisés des régimes fiscal, douanier et de change.

En plus de ces mobiles, il se révèle que l'investissement est un facteur par excellence de la croissance économique et du développement qui consiste dans l'augmentation des grandeurs économiques. La croissance économique suppose elle-même de changement de structure et d'importantes modifications correspondantes dans les conditions institutionnelles et sociales du pays.

Le législateur a constaté que le pays évoluait dans un contexte de régression économique et d'inflation accélérée, la performance du secteur privé qui a été de manière générale insuffisante et celle de l'industrie congolaise particulièrement médiocre. L'industrie congolaise reste dans son ensemble coûteuse, peu compétitive, sous capitalisée et soumise à un processus à long terme de désinvestissement. D'où la révision de ces différents codes qui paraissent dépassés, notamment le code des investissements et le code minier pour le cas échéant.

Au regard de ce qui précède et vu que la République démocratique du Congo a opté pour l'économie sociale du marché, la croissance économique et le développement, le législateur a estimé que cela n'est possible que par le passage de trois axes suivants :

– L'État fournit le cadre et l'environnement incitatifs ;

– Le secteur privé crée les richesses nationales et l'emploi ;

---

3 Journal officiel, numéro spécial du 15 juillet 2002, *Code minier*, pp. 4-5

– La société civile, elle, se charge de promouvoir l'homme dans toutes ses dimensions. (Journal officiel, 2002, p. 2).

Les aspirations du législateur ont été légitimes et encourageantes surtout lorsqu'il est question d'exploiter l'exposé de motif de la loi 007/2002. Cependant, lorsqu'on entre dans son application cette loi produit le contraire de ses attentes. Au lieu que le secteur privé crée les richesses nationales et l'emploi en réalité, ce secteur crée des richesses pour l'extérieur avec une exportation excessive des richesses nationales au détriment de la nation et les emplois qui ne sont toujours pas créés. Dans le bassin minier de l'Ex-Katanga, les emplois ont été créés, mais ce sont des emplois précaires au revenu faible comme le démontrent nos enquêtes sur terrain. Au lieu aussi qu'il y ait la promotion de l'homme dans toute sa dimension, nous assistons à la paupérisation de l'homme en l'envoyant au chômage sans précédent ou même à un emploi qui ne diffère d'un chômage déguisé au revenu qui ne permet même pas à sa promotion. Ceci s'illustre par les données du terrain ci-dessous :

Tableau n° 12 : Salaire mensuel des travailleurs

Salaire mensuel	Fréquence	Pourcentage
90000-135000FC	39	60,90 %
136 000- 180 000FC	17	26,60 %
181 000- 225 000FC	7	10,90 %
> 260000FC	1	1,60 %
Total	64	100,00 %

Source : Nos enquêtes sur terrain

Au regard du tableau ci-dessus, il ressort que le gros des travailleurs, anciens creuseurs, a une rémunération mensuelle qui varie entre 90 000 francs congolais (100,00 $US) et 135 000 (150,00 $US) francs congolais soit 60,90 % de travailleurs et anciens creuseurs ; 26,60 % gagnent une rémunération allant de 136 000,00 francs congolais (151,00 $US) et 180 000,00 francs congolais (200,00 $US) et à peine 10,90 % gagnent une rémunération allant de 181 000,00 francs congolais (200,00 $US) à 225 000,00 francs congolais (250,00 $US).

Figure n° 7 : Possibilité de nouer les deux bouts du mois avec son revenu mensuel

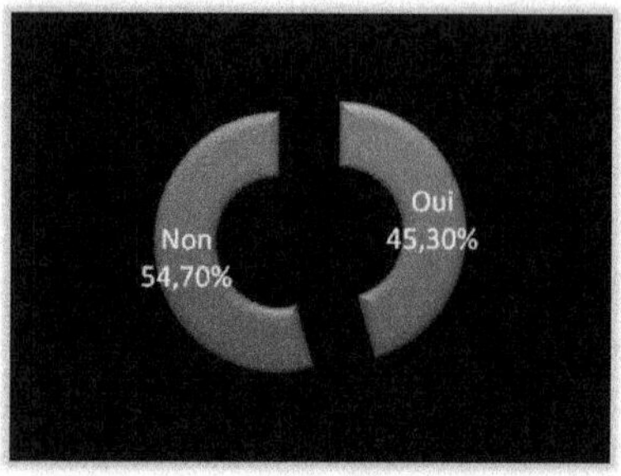

Source : Nos enquêtes sur terrain

Il se dégage du tableau ci-dessus que la rémunération des travailleurs dans la plupart de cas ne permet pas de nouer les deux bouts du mois soit une majorité de 54,70 % tandis que 45,30 % de travailleurs et anciens creuseurs disent que la rémunération leur permet de nouer les deux bouts du mois.

Figure n° 8 : La correspondance du salaire au travail

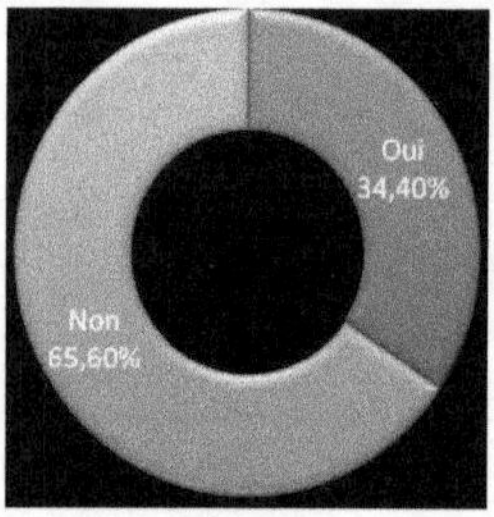

Source : Nos enquêtes sur terrain

Par rapport à la question de savoir si la rémunération reçue par ces travailleurs, anciens creuseurs, correspondait au travail abattu 65,60 % pensent que la rémunération ne correspond pas tandis que 34,40 % de travailleurs et anciens creuseurs estiment que ça correspond au travail abattu.

Graphique n° 9 : Raisons qui poussent les travailleurs d'estimer que le salaire ne correspond pas au travail abattu

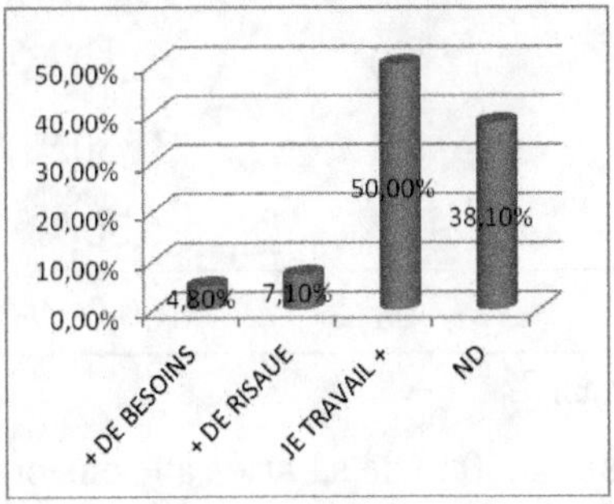

Source : Nos enquêtes sur terrain

Pour les uns, ils estiment qu'ils travaillent plus qu'ils ne reçoivent soit 50,00 %, alors que 38,10 % de travailleurs, anciens creuseurs, se sont simplement abstenus de donner la raison pour laquelle ils estiment que la rémunération ne correspond pas au travail abattu. Pour les autres c'est un travail où il y a plus de risque alors que ce qu'ils reçoivent en guise de rémunération n'est que dérisoire soit 7,10 % alors que 4,80 % de la population estiment que la rémunération est insignifiante dans la mesure où, ils ont plus de besoins par rapport à ce qu'ils reçoivent.

Au regard de ce qui précède, nous pensons avec Kazadi Kimbu que « dans le cadre du capitalisme mondialisé, le mécanisme de la dépersonnalisation continuelle s'applique selon un principe directeur : en face du patron, le travailleur salarié ou tout subalterne reste un enfant. Il doit se savoir et se reconnaître, un enfant, se comporter de manière infantile et vivre à la fois l'enfantillage et l'infantilisme. C'est le patron qui connaît, estime et évalue ses besoins, donne les moyens de les satisfaire, autorise les manifestations de rues, intime les ordres et a raison en dernière instance ». (KAZADI KIMBU M., 2010, p. 22).

Tableau n° 13 : Salaire que les travailleurs estiment convenable

SALAIRE CONVENABLE	Fréquence	Pourcentage
151-300 $US	40	62,50 %
301-500 $US	20	31,30 %
> 500 $US	4	6,30 %
Total	64	100,00 %

Source : Nos enquêtes sur terrain

Il ressort de ce tableau que 62,50 % de salariés anciens creuseurs estiment que le salaire qui conviendrait pour eux doit environner entre 136 000,00 francs congolais (151,00 $US) et 270 000,00 francs congolais (300,00 $US), 31,30 % estiment quant à eux que le salaire qui leur conviendrait doit environner entre 279 000,00 francs congolais (301,00 $US) et 450 000,00 francs congolais (500,00 $US) et 6,30 % enfin estiment qu'il leur faille plus de 450 000,00 francs congolais (500,00 $US et plus).

Le travail étant sous-payé, les travailleurs estiment qu'il faille plus, d'où les différentes estimations de salaire et même plus haut, ils ont déclaré que le salaire ne correspondait pas au travail abattu (cf. tableau ci-dessus).

Graphique n° 10 : Appréciation du niveau de salaire avant 2002 chez les travailleurs

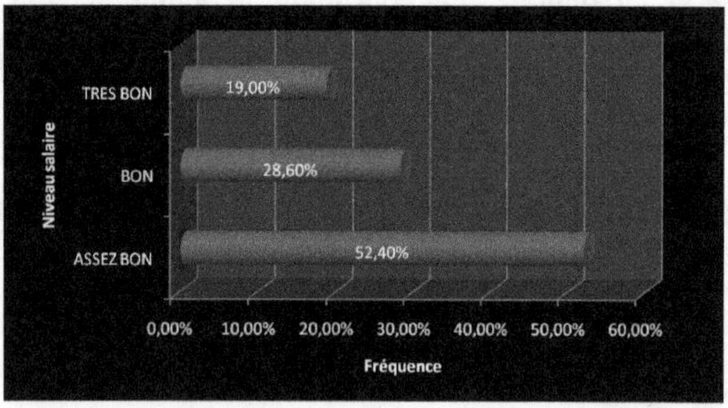

Source : Nos enquêtes sur terrain

En voulant savoir quel était l'opinion de travailleurs, anciens creuseurs, sur le niveau de salaire avant la deuxième loi minière de 2002, 52,40 % estiment que le salaire est assez bon, alors que 28,60 % trouvent que c'est bon et 19,00 % enfin disent que le niveau de salaire est très bon.

Il ressort de cette analyse que le seuil de salaire avant la deuxième loi minière de 2002 était assez tolérable. Ce qui influait sur les conditions de vie des salariés et anciens creuseurs.

Figure n° 9 : Appréciation du niveau salaire après 2002 chez les travailleurs

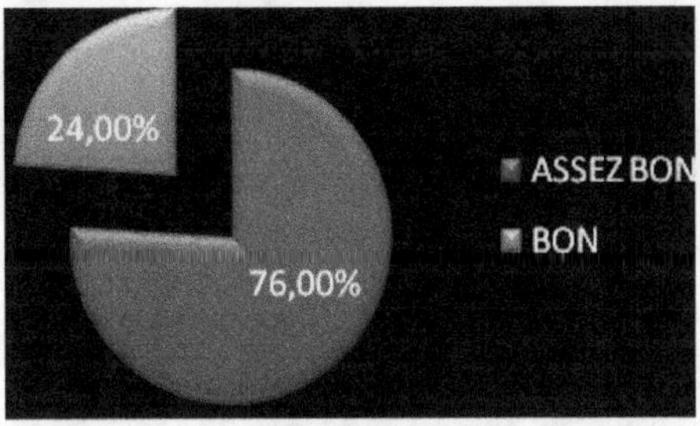

Source : Nos enquêtes sur terrain

La figure ci-dessus dégage l'opinion des travailleurs, anciens creuseurs, sur le niveau de salaire sous la deuxième loi minière dont 76,00 % estiment que le salaire sous la première loi minière est assez bon tandis que 24,00 % estiment que le salaire sous la deuxième loi minière est bon.

En comparant les opinions avant et après la deuxième loi minière, 52,40 % contre 76,00 % soit une différence de 23,60 % d'assez bon négativement par rapport au temps avant la deuxième loi minière et une différence de 4,60 % de bon positivement pendant la deuxième loi minière et enfin les 19 % d'opinions de très bon sans aucune mesure avec la deuxième loi minière d'où la meilleure appréciation de niveau de salaire pendant la première loi minière que la deuxième loi minière.

Figure n° 10 : Opinion sur la couverture de besoins de logement chez les travailleurs

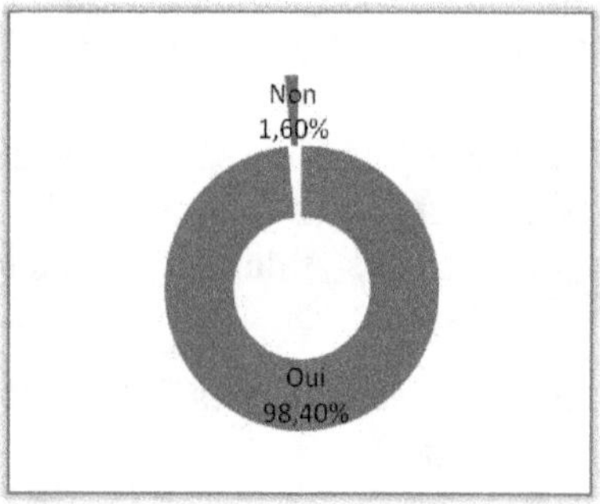

Source : Nos enquêtes sur terrain

Lorsque nous voulons savoir si les gens ont un logement, 98,40 % affirment qu'ils ont un logement tandis que 1,60 % affirme qu'ils sont sans logement.

Graphique n° 11 : Opinion sur le statut d'occupation chez les travailleurs

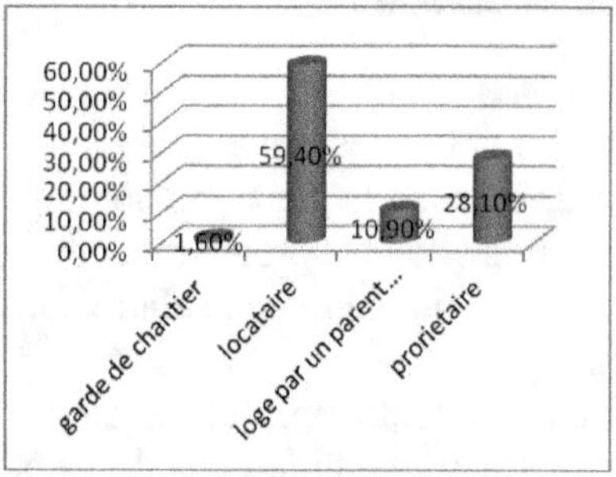

Source : Nos enquêtes sur terrain

Il ressort de ce graphique que 59,40 % ont un logement mais avec comme statut d'occupation de locataire, 28,10 % à leur tour ont un logement avec comme statut d'occupation de propriétaire, 10,90 % ont un logement avec comme statut de loger par les parents ou par un ami et 1,60 % sont garde de chantier.

Le graphique n° 11 détermine le statut d'occupation de 98,40 % des salariés, anciens creuseurs, comme démontre le tableau n° 23 et les 1,60 % qui avaient affirmé être sans logement sont simplement les gardes de chantier.

Figure n° 11 : Opinion sur la possibilité d'avoir l'eau dans la parcelle chez les travailleurs

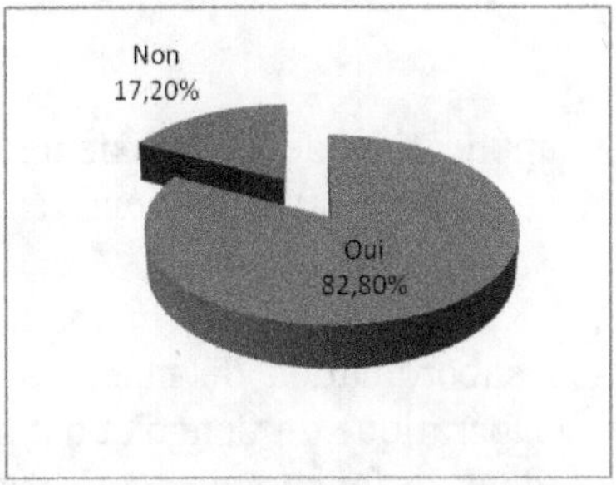

Source : Nos enquêtes sur terrain

La figure ci-dessus démontre que 82,80 % des salariés, anciens creuseurs, ont de l'eau dans la parcelle tandis que 17,20 % sont sans eau dans la parcelle.

Figure n° 12 : Opinion sur le moyen d'adduction d'eau chez les travailleurs

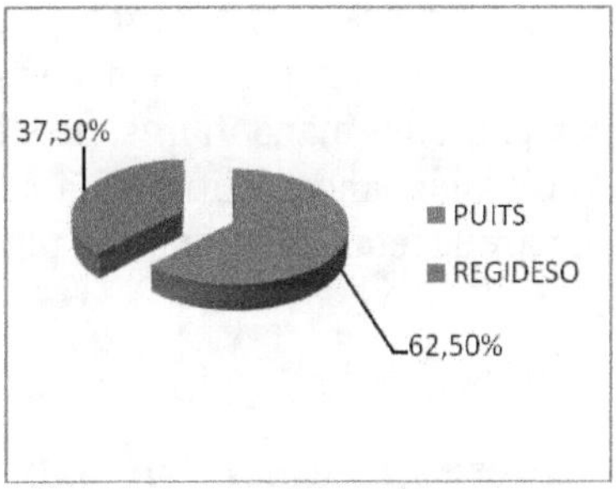

Source : Nos enquêtes sur terrain

La figure ci-haut démontre que 62,50 % de travailleurs, anciens creuseurs, ont l'eau tirée de puits tandis que 37,50 % ont l'eau dans la parcelle tirée de la Régideso.

En effet, l'accès à l'eau potable est inaliénable. Mais dans la condition de la *misérabilité* où se retrouvent les travailleurs, anciens creuseurs, son accès devient aporétique, ce qui dénote de l'incapacité de répondre à un des besoins le plus primaires.

4.3 Les entreprises créées en application de la loi minière 007/2002

Les entreprises créées en application de la deuxième loi minière pour la période allant de 2002 à 2012 se nombrent à environ 225 (voir Annexe).

Nous pensons avec Kazadi Kimbu, que dans le fond, la contradiction de la polarisation subordination de masse s'observe et se vit, en République démocratique du Congo et dans le bassin minier de l'Ex-Katanga, dans le fonctionnement dépendant des unités de production de l'État et des forces productives. En fait, la mise en valeur des ressources naturelles et la mobilisation des ressources humaines de la République démocratique du Congo et du bassin minier de l'Ex-Katanga, se sont opérées et s'opèrent encore par l'implantation de complexes industriels extractifs et exportateurs dont le cas de toutes ces entreprises citées *supra*, tous alimentés des capitaux et biens d'équipements étrangers où se trouvent établi les grands propriétaires privés producteurs. Ce développement subordonné des entreprises constituées en relais et des entrepreneurs mandataires, ne s'est réalisé et ne se poursuit qu'avec l'allégeance politique, la complicité d'*hégémonisation* des appareils étatiques mis en place. (Kazadi Kimbu., 1997, p. 162).

4.4 Les productions minières réalisées pendant l'application de la loi minière 007/2002

Avec cette loi minière, la production des métaux a accru contrairement à la production réalisée pendant la première loi minière et même en termes de coût de vente qui est passé de 1 500 $US la tonne de cuivre tel que vendait la Gécamines à 9 000 $US la tonne. Et nous pensons que les conditions sociomatérielles de vie suivraient.

Tableau n° 14 : Production des Cuivres, Cobalts et Zincs de la Gécamines

Année	Cuivre	Cobalt	Zinc
2002	1 9 261	1 712	2 987
2003	9 370	1 358	4 885
2004	7 689	1 412	5 066
2005	16 036	945	5 745
2006	24 201	748	12 836
2007	24 025	730	11 925
2008	23 475	314	13 523
2009	-	-	-
2010	-	-	-
2011	-	-	-
2012	-	-	-

Source : Rapports annuels de la Générale des carrières et des mines, 2012

Les différentes productions réalisées par les différentes entreprises du bassin minier de l'Ex-Katanga pendant l'application de la loi n° 007/2002 portant code minier du 11 juillet 2002. De ce tableau, il se démontre clairement comment les productions minières des entreprises vont de manière croissante.

Nous avons remarqué que cet accroissement de la production des entreprises minières s'accompagnerait de l'amélioration des conditions de vie des populations du bassin minier de l'Ex-Katanga. Il s'observe cependant que les détenteurs... que les détenteurs des moyens de production et d'échange, investisseurs et créateurs des entreprises, dominent et soumettent les désœuvrés, les travailleurs salariés et tous travailleurs indépendants en processus de sous-traitance tout en subissant la loi du grand capital.

Notons aussi qu'au niveau des exportations, la production annuelle était de 448 274,67 $US contre une prévision annuelle de 417 193,00 $US, soit un écart positif de 33 668,40 $US représentant ainsi 8,07 %. Cette performance s'explique par le fait que l'augmentation du volume des concentrés de cuivre de Frontière Sprl et le nombre considérable des échantillons des minerais bruts de cuivre de Comisa SPRL.

4.5 La situation économique pendant l'application de la deuxième loi minière

La situation économique pendant la mise en œuvre de la loi 007/2002 a conduit à l'explosion minière qui se caractérise par l'implantation d'environ 225 sociétés minières à travers le bassin minier de l'Ex-Katanga. Cette situation a conduit à l'évolution des paramètres économiques.

Cependant la crise économique et financière qui s'est étendue à l'ensemble des pays en développement en 2008, a touché très durement l'économie de la République démocratique du Congo qui avait connu dans les années passées une croissance fortement tirée par les investissements directs étrangers et l'exportation de matières premières dont les prix mondiaux s'étaient fortement appréciés. Il est maintenant clair que la crise globale s'est traduite par une crise de l'emploi en République démocratique du Congo.

Le Katanga est exceptionnellement riche en ressources naturelles et concentre d'importants gisements de cuivre à haute teneur et de métaux associés tels que le cobalt, le zinc, le plomb. Parmi les autres substances minérales exploitées, l'argent, le cadmium, le rhénium, la platine, le manganèse, l'étain, le charbon, l'uranium. La ceinture de cuivre centrafricaine, située le long des frontières entre la République démocratique du Congo et la Zambie et entre la République démocratique du Congo et l'Angola au sud du Katanga, contient plus d'un tiers des réserves mondiales de cobalt (34 %), ainsi que des quantités significatives de cuivre (10 %), de nickel, d'uranium, d'argent et de plomb.

Ces ressources sont concentrées dans le District du Haut-Katanga ainsi que dans les villes de Lubumbashi, Kolwezi et de Likasi.

L'histoire de l'économie du Katanga moderne est inséparable de celle de la Gécamines. Cette dernière fut créée en 1866 en remplacement de l'Union minière du Haut Katanga, groupe industriel minier belge établi au Katanga fondé en 1906 par la fusion entre une compagnie créée par Léopold II et Tanganyika Concessions LTD, afin d'exploiter les richesses minérales de la région. La Gécamines est une entreprise publique de droit congolais, à caractère commercial et industriel.

Elle appartient à 100 % à l'État congolais. L'étendue d'exploitation minière de la Gécamines couvre près 18 900 km², représentant la concession de cuivre et des métaux associés, et près de 14 000 km², pour la concession de l'étain et de métaux accompagnateurs, tels que le colombo tantalite. La zone d'exploitation minière de la Gécamines est subdivisée en trois groupes : le Groupe Ouest (Kolwezi), le Groupe Centre (Likasi) et le Groupe Sud (Lubumbashi). Les productions majeures de la Gécamines sont le cuivre, le cobalt, le zinc, le nickel et, accessoirement, l'uranium.

Pendant plus de trente ans, la Gécamines a été le moteur de l'économie nationale, voire sous-régionale. Ses actifs évalués à 430 millions de dollars comprennent des installations industrielles et des infrastructures sociales dans les différentes villes du Katanga. (RUBBERS B., 2006, p. 117).

Elle était au moment de son âge d'or, après l'État congolais, le plus grand employeur de la République démocratique du Congo. Dans le cours des années 1960, elle emploie plus de 20 000 travailleurs et fait de la République démocratique du Congo le premier producteur mondial de cuivre et de cobalt jusque dans les années soixante-dix. En 1990, elle comptait plus de 30 000 agents, dont près de 4 000 cadres, sa contribution aux recettes budgétaires de l'État s'élevait à 42 % (après avoir atteint 66 % en 1980) tandis qu'à elle seule elle représentait 85 % des recettes d'exportation. (WORLD BANK, 2007). En 1965, à la veille de sa nationalisation, l'UMHK produisait approximativement par an 300 000 tonnes de cuivre, 10 000 tonnes de cobalt et 60 000 tonnes de zinc. Entre les années 1970 et 1980, la production de cuivre dépasse les 400 000 tonnes de cuivre par an et celle de cobalt, entre 5 000 et 17 000 tonnes par an. Vers la fin des années 1980, le déclin de la Gécamines fut précipité par une série de problèmes (notamment l'éboulement de la mine souterraine de Kamoto à Kolwezi, la vétusté de son outil de production, le manque d'investissement dans le renouvellement de l'outil de production, l'affectation irrationnelle des ressources de l'entreprise, etc.). Dans ce contexte très défavorable, la crise politico-économique et l'évolution à la baisse du cours du cuivre ont accéléré l'effondrement de la Gécamines. La production du cuivre, le principal produit de la Gécamines est ainsi passé de 465 000 tonnes au prix de 2 855 $US par tonne en 1990 à 19 000 tonnes au prix de 1 800 $US par tonne en 2002 puis à 9 105 tonnes au prix de 1 859 $US la tonne en 2003. Dans le même temps, la productivité par agent passait de 14,4 tonnes par agent en 1990 à 0,8 tonne par agent en 2002 et 0,7 tonne par agent en 2003. (WORLD BANK, 2007).

Le Katanga qui avait été la province la plus riche du pays se retrouve alors avec des indicateurs sociaux en forte baisse. La malnutrition s'est aggravée dans le bassin minier au cours des années 1990 et début des années 2000 suite aux pertes d'emplois à la Gécamines et à la baisse drastique de la principale source de revenus qui est le secteur minier.

Malgré la chute brutale de sa production, la Gécamines a cependant tenté pendant plusieurs années de maintenir le même niveau d'engagement à l'égard de son personnel restant en matière de services sociaux, provoquant un endettement colossal pour l'entreprise. La dette financière totale de l'entreprise en 2003 se montait à 800 millions US et à cela il fallait ajouter 420 millions US d'arriérés en termes de paiements à ses fournisseurs (compagnie des chemins de fer, d'électricité, des eaux, etc.) et 100 millions US de salaires/retraites impayés à ses travailleurs. Cette situation rendait la Gécamines incapable :

a) D'investir pour renouveler son appareil de production, accélérant encore plus la chute de la productivité ;
b) De remplir ses obligations vis-à-vis de ses employés, notamment les salaires et les soins médicaux.

Elle doit dès lors réduire massivement son personnel qui est d'environ 12 000 travailleurs au début des années 2000 contre près de 30 000, dix ans avant.

Dans ce nouveau contexte marqué, à partir de 2005, par la flambée des cours du cuivre, le Katanga a connu un boom minier considérable avec une croissance rapide de la production dans le secteur minier moderne et artisanal, un retour massif des IDE, l'implantation d'entités de traitement dans le bassin minier et l'explosion du nombre de creuseurs artisanaux. À la veille de la crise financière mondiale, la Province du Katanga connaissait donc une forte croissance économique qui reposait sur des bases très fragiles du fait de sa forte dépendance aux exportations minières et la faible diversification de sa structure économique.

De 2004 à 2008, le prix du cuivre a connu une progression fulgurante, triplant dans l'espace de deux ans. Après avoir progressé en moyenne annuelle de 61 % en 2004, ils ont gagné près de 30 % en 2005, pour dépasser les 4 500 $US/t fin décembre 2005, soit une progression de 1 500 $US/t sur l'année. Après un accroissement très sensible de l'ordre de 86 % en 2006, les prix ont augmenté en 2007 à un rythme relativement modéré, soit 6 % jusqu'en septembre 2008 où le cuivre se vendait à près de 9 000 $US/t. Ce niveau record de prix ajouté 12 % aux mesures incitatives du Nouveau Code minier ont fait que les grandes entreprises minières internationales[4] notamment asiatiques, se soient déployées au Katanga. En plus de ces investissements directs étrangers, des nationaux ont créé des dépôts de stockage, des fonderies et des sociétés de négoce exportatrices de minerais.

Dans le contexte économique mondial marqué par la forte demande pour les matières premières et un contexte national marqué par un retour à la stabilité politique en République démocratique du Congo, le Katanga a fortement bénéficié d'un modèle de croissance tiré par le secteur minier et les IDE qui s'est traduit par une phase d'industrialisation et d'amélioration du revenu des populations. Toutefois ce modèle de croissance est marqué par sa très grande vulnérabilité à l'évolution de l'économie mondiale.

Avec la relance des activités minières entre 2004 et 2008, on a assisté à une croissance soutenue de la production minière et en premier lieu de cuivre et de cobalt. Il y avait 385 opérateurs miniers répertoriés en 2007, dont 323 personnes morales (84 %) et 62 personnes physiques (16 %). Au pic de cette phase de croissance, au printemps 2008, le gouvernement congolais avait

4 Freeport McMoran, Bhp Billiton, Anglo-America, Metorex.

octroyé 1 635 titres miniers et de carrières qui se répartissaient de la manière suivante[5] :

1. 1 337 permis de recherche (82 %) ;
2. 89 permis d'exploitation (5 %) ;
3. 4 permis d'exploitation des rejets ;
4. 10 permis d'exploitation de la petite mine (1 %) ;
5. 175 ARPC (Autorisations de Recherche des Produits des Carrières) (11 %) ;
6. 20 AECP (Autorisation d'Exploitation des Carrières Permanentes) (1 %).

Après l'interdiction d'exportation des minerais bruts, plusieurs usines de transformation ont été créées au Katanga telles que Ruashi Mining et Chemaf ; ce qui a entraîné une augmentation de la production et de la valeur ajoutée des exportations de substances minérales transformées.

Les investisseurs chinois sont notamment venus nombreux au Katanga pour bénéficier des opportunités offertes par le nouveau code minier qui libéralisait ce secteur et encourageait les investisseurs étrangers. Sur les 75 unités de traitement en fonction avant la crise, 60 étaient des unités chinoises. Ils se sont concentrés sur ce secteur d'activité car arrivant après les multinationales occidentales, ils n'ont pu avoir accès aux meilleures concessions minières. (ACIDH, 2010). De ce fait, leurs lignes de production sont alimentées par la production des creuseurs artisanaux et leur profitabilité dépend des cours mondiaux des métaux.

4.6 La situation socio-économique pendant l'application de la loi minière 007/2002

La deuxième loi minière a certes incité les investissements et sa mise sur pied a produit la création des certaines entreprises (petites et moyennes entreprises) comme cité dans le point 5.2 de cette étude dont les incidences chiffrées attendues devraient faire penser au décollage économique du bassin minier de l'Ex-

5 *Table ronde sur l'impact de la crise financière au secteur minier en République démocratique du Congo*, Kinshasa, le 9 avril 2009

Katanga. Curieusement, les populations n'arrivent toujours pas à satisfaire leurs besoins sociaux et économiques comme le démontrent nos enquêtes de terrain.

Figure n° 13 : Opinion des creuseurs sur la contribution des entreprises minières à l'amélioration des conditions de vie

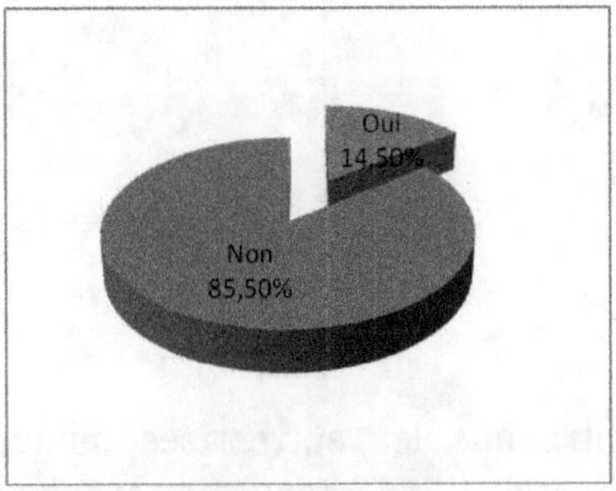

Source : Nos enquêtes sur terrain

De la figure ci-haut nous voulions connaître l'opinion de la masse désœuvrée du bassin minier de l'Ex-Katanga sur les entreprises minières y implanter en ce qui concerne la contribution de ces dernières au bien-être des populations. Il en ressort que 85,50 % de creuseurs estiment que les entreprises minières implantées dans le bassin minier de l'Ex-Katanga ne contribuent pas au bien-être des populations tandis que 14,50 % de creuseurs estiment que ces entreprises contribuent au bien-être des populations de la région.

Ce besoin de bien-être est en principe plus ressenti par les désœuvrées qui en donnent le jugement et sa portée. Il nous semble que l'impact des sociétés minières implantées dans la région minière est vraiment très peu vécu dans le chef de ces désœuvrées qui devrait en réalité bénéficier de ses retombées.

Figure n° 14 : Opinion des travailleurs sur contribution à l'amélioration des conditions de vie par les entreprises minières

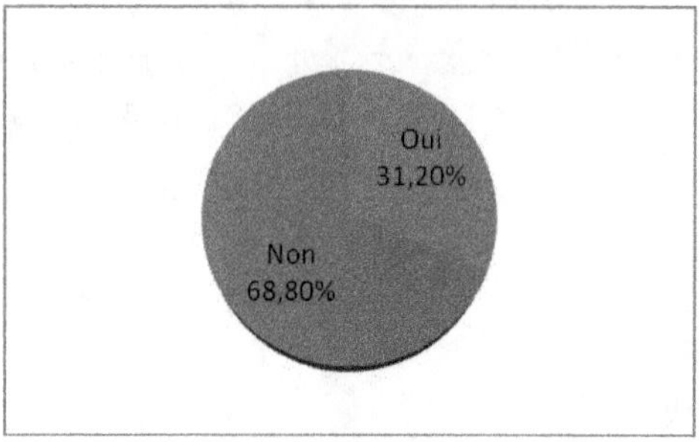

Source : Nos enquêtes sur terrain

La figure ci-dessus montre que les entreprises minières implantées dans le bassin minier de l'Ex-Katanga ne contribuent pas à l'amélioration de conditions de vie des populations soit les pourcentages de 68,80 des travailleurs salariés, anciens creuseurs, prenant cette position tandis que 31,20 % de nos enquêtés estiment que les entreprises minières implantées dans le bassin minier de l'Ex-Katanga contribuent à l'amélioration des conditions de vie des populations.

Graphique n° 12 : Pourquoi les 14,50 % des creuseurs estiment que ces entreprises contribuent à l'amélioration des conditions de vie

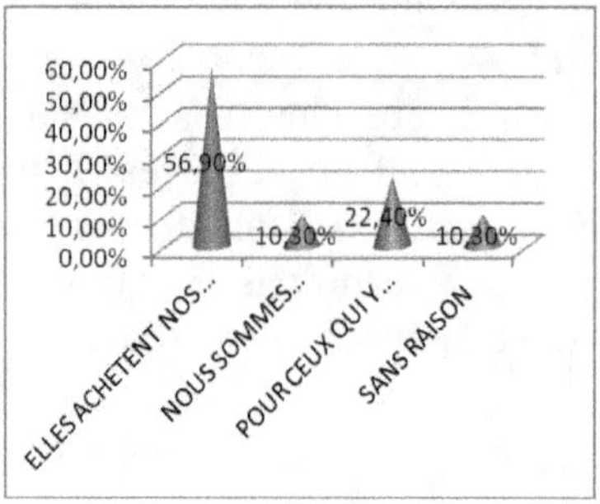

Source : Nos enquêtes sur terrain

De ce graphique, il ressort que 56,90 % de l'échantillon estiment que les entreprises minières implantées dans le bassin minier de l'Ex-Katanga contribuent au bien-être des populations dans la mesure où ces entreprises achètent les produits issus de leurs activités de creusage. Par contre 22,40 % de l'échantillon estiment que les entreprises minières implantées dans le bassin minier de l'Ex-Katanga contribuent au bien-être de la population en ce sens que ceux qui y travaillent s'y retrouvent, deux groupes de creuseurs soit 10,30 % chacun estiment que les entreprises minières implantées dans le bassin minier de l'Ex-Katanga contribuent au bien-être des populations car ils sont indépendants et travaillent pour leur compte dans une relation de partenariat avec ces entreprises d'une part et d'autre part ils estiment que les entreprises minières implantées dans le bassin minier de l'Ex-Katanga contribuent au bien-être de la population sans un argumentaire soutenant leur prise de position.

Le fait d'acheter les produits issus de l'exploitation artisanale n'est pas suffisant pour contribuer au bien-être mais par contre ces produits sont achetés pour la plupart de cas au prix imposé et fixé par eux-mêmes. La cotation de la teneur de ce produit pour aller plus loin est donnée par les mêmes entreprises qui sont acheteurs desdits produits.

Graphique n° 13 : Pourquoi les 31,20 % des travailleurs anciens creuseurs estiment que ces entreprises contribuent à l'amélioration des conditions de vie

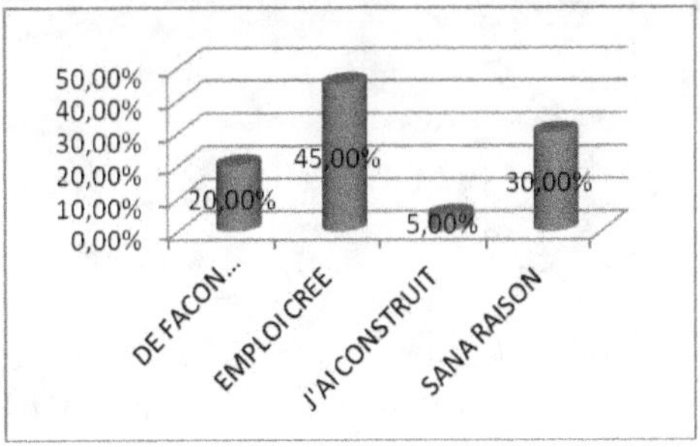

Source : Nos enquêtes sur terrain

De ceux qui ont estimé que les entreprises minières implantées dans le bassin minier de l'Ex-Katanga contribuent à l'amélioration des conditions de vie des populations, 45,00 % de travailleurs salariés, anciens creuseurs, justifient leur prise de position dans la mesure où ils estiment soutenir que l'emploi a été créé et c'est ce qui améliore les conditions de vie ; 30,00 % des travailleurs, anciens creuseurs, soutiennent que ces entreprises contribuent à l'amélioration des conditions de vie mais n'ont aucune raison à avancer ; 20,00 % de nos enquêtés soutiennent effectivement l'amélioration des conditions de vie mais toute fois il sied de reconnaître que c'est de façon insignifiante et 5,00 % de nos enquêtés enfin estiment que ces entreprises minières ont effectivement contribué à l'amélioration de conditions de vie car ils ont réussi à construire leur maison.

La création effective de l'emploi en tenant compte des normes du travail contribuerait à l'amélioration des conditions de vie des populations car pense-t-on que le travail est le moteur du développement d'une nation. Et par développement nous entendons un épanouissement humain total.

Graphique n° 14 : Pourquoi les 85,50 % des creuseurs estiment que ces entreprises ne contribuent pas à l'amélioration des conditions de vie

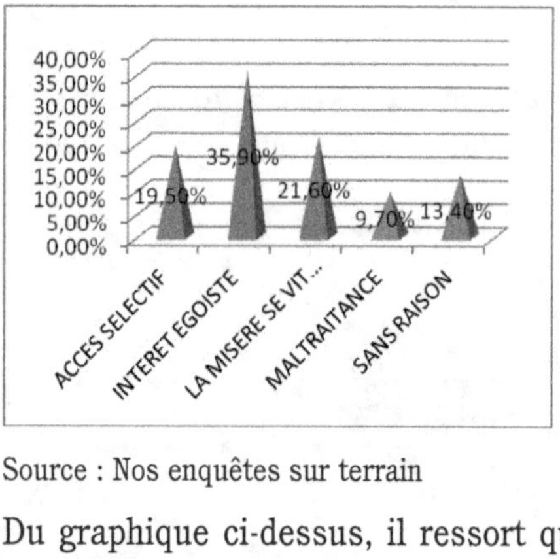

Source : Nos enquêtes sur terrain

Du graphique ci-dessus, il ressort que 35,90 % de désœuvrées estiment que les entreprises minières implantées dans le bassin minier de l'Ex-Katanga ne contribuent pas au bien-être des populations car elles ne sont là que pour leurs intérêts égoïstes ; 21,60 % de creuseurs pensent que les entreprises minières implantées dans le bassin minier de l'Ex-Katanga ne contribuent pas au bien-être des populations dans la mesure où la misère ne fait que sévir cette population ; 19,50 % de désœuvrées estiment que les entreprises minières implantées dans le bassin minier de l'Ex-Katanga ne contribuent pas au bien-être des populations en ce sens qu'elles sont très sélectives et importent même des étrangers au détriment des populations de la région ; 13,40 % de désœuvrés trouvent que les entreprises minières implantées dans le bassin minier de l'Ex-Katanga ne contribuent pas au bien-être de la population et n'avancent aucune raison de leurs propos et 9,70 % de désœuvrées pensent enfin que les entreprises minières implantées dans le bassin minier de l'Ex-Katanga ne contribuent pas au bien-être des populations d'autant plus qu'elles sont là que pour la maltraitance des populations qui travaillent pour elles et même dans leur partenariat.

Le partenariat entre les désœuvrés et les entreprises minières implantées au Katanga est dans une relation inégale et même de dépendance dans ce sens que le paiement dépend de ces entreprises qui achètent

Graphique n° 15 : Pourquoi les 68,80 % des travailleurs, anciens creuseurs, estiment que ces entreprises ne contribuent pas à l'amélioration des conditions de vie

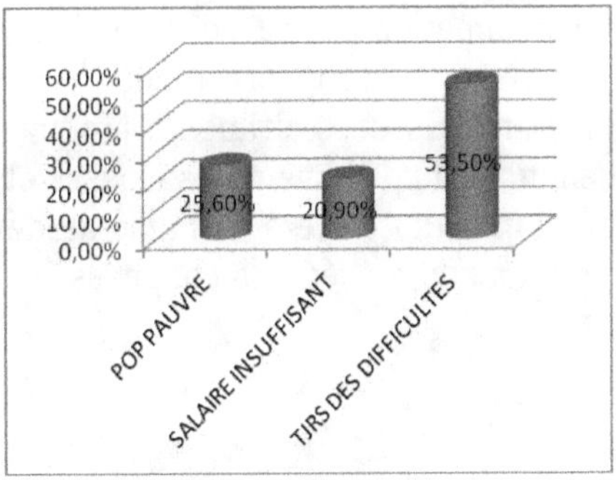

Source : Nos enquêtes sur terrain

En interrogeant nos enquêtés pourquoi affirment-ils que les entreprises minières implantées dans le bassin minier de l'Ex-Katanga ne contribuent pas à l'amélioration des conditions de vie des populations, 53,50 % s'interrogent comment peut-on parler de l'amélioration des conditions de vie pendant qu'ils ont toujours des difficultés pour vivre ? ; 25,60 % de nos enquêtés estiment que ces entreprises ne contribuent pas à l'amélioration des conditions de vie parce que la population croupit dans la pauvreté et 20,90 % des travailleurs, salariés, estiment que ces entreprises ne contribuent pas à l'amélioration des conditions de vie car elles octroient des salaires insignifiants et insuffisants.

Il est à noter qu'avec cette soumission due à la loi du grand capital, toutes conditions de distribution des salaires dérisoires et de la paupérisation sont réunies. Comme l'écrit Kazadi Kimbu « la marginalisation et la massification des forces sociales sont ainsi imposées dans un processus d'investissement-appropriation des bénéfices de la production nationale. Il faut aussi remarquer que l'occupation de l'espace périphérique, le bassin minier de l'Ex-Katanga, par les entreprises capitalistes a permis aux puissances impérialistes de se donner les moyens d'une réelle et permanente appropriation des fruits et bénéfices de leurs investissements »[6].

La République démocratique du Congo et le bassin minier de l'Ex-Katanga en particulier sont donc incapables de réaliser l'articulation centrale autocentrée principale qui relie le secteur de la production de biens de consommation de masse au secteur de production de biens d'équipement destinés à permettre la production de biens de consommation de masse. Cette incapacité place la masse désœuvrée dans le rapport d'infantilisation continuelle pendant que les investisseurs étrangers produisent et exportent et font des bénéfices au détriment des masses et se permettent même de les endormir au travers de l'aide au développement comme épinglé dans nos précédents chapitres.

4.7 Conclusion

Ce chapitre sur la loi minière n° 007/2002 du 11 juillet 2002 portant code minier et l'évolution socio-économique dans le bassin minier de l'Ex-Katanga, démontre que la situation économique de la région est en pleine progression croissante pendant que la situation sociale est en pleine régression.

6 KAZADI KIMBU, *op. cit.*, pp. 163-164.

Cette contradiction entre la croissance économique et la dégradation du niveau de vie des populations n'est rien d'autre qu'un effet induit de la matérialisation de la loi de la valeur mondialisée.

Il est aussi remarquable que la mondialisation du mode de production capitaliste dans le but de créer la base matérielle de la société capitaliste mondiale se trouve contrariée par la formation des espaces politico-économiques comme le bassin minier de l'Ex-Katanga, satellite, où la pauvreté des masses et le sous-développement se généralisent.

Chapitre V

Législation minière congolaise et valeur mondialisée

•

5.1 Introduction

À travers ce chapitre, nous nous préoccupons de démontrer que la multiplicité des sociétés minières issues de la deuxième loi minière dans le bassin minier de l'Ex-Katanga a engendré non seulement la croissance économique mais bien plus encore la création d'une masse désœuvrée qui n'est rien d'autre que le produit du fonctionnement de la loi de la valeur mondialisée. Cette loi de la valeur mondialisée se manifeste par la prolifération de toutes ces sociétés minières comme nous les avons vues dans les précédents chapitres.

5.2 De l'inefficacité des législations au bien-être des populations

La masse désœuvrée est engendrée par la mondialisation du capitalisme. Cette masse désœuvrée subit les effets de l'application de la loi de la valeur mondialisée. Ce qui s'illustre par le taux de chômage croissant tel que les démontrent les tableaux ci-dessous :

Graphique n° 16 : Évolution de pertes d'emplois à Lubumbashi de 2007 à 2012

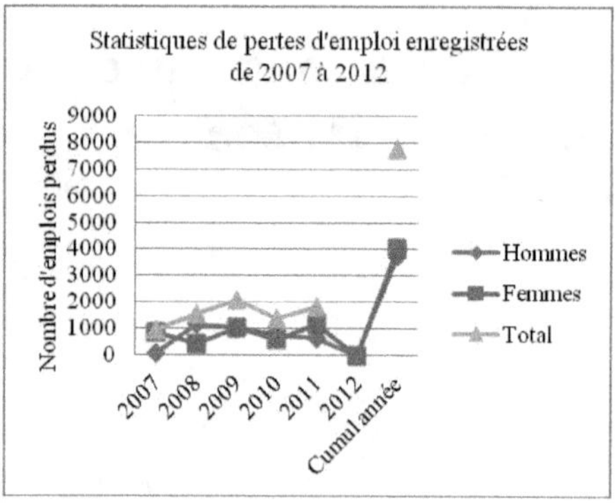

Source : Nos enquêtes sur terrain

Il est remarquable que la figure ci-dessus présente l'évolution de perte d'emploi dans la ville de Lubumbashi depuis l'année 2007 jusqu'en 2012. Il est à noter également que toutes ses pertes d'emploi doivent être reversées dans le lot des chômeurs qui est aussi croissant comme le présente le graphique ci-dessous.

Graphique n° 17 : Évolution du taux de chômage dans le bassin minier de l'Ex-Katanga

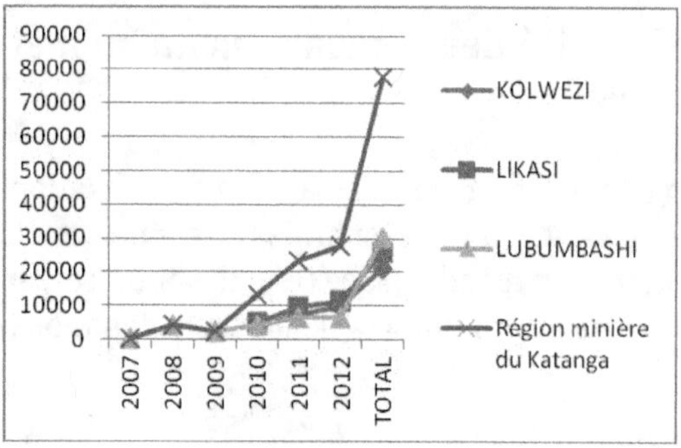

Source : Nos enquêtes sur terrain

Il ressort du graphique ci-dessus faisant objet d'une synthèse qui montre comment le taux de chômage prend son ascension dans le bassin minier de l'Ex-Katanga alors que l'avènement de la loi minière et des entreprises minières conduisait à penser que la courbe serait descendante en ce qui concerne la masse désœuvrée.

Dans le cas précis, plus d'une personne avertie penserait qu'avec la prolifération des entreprises minières, on assisterait à une absorption du chômage mais nous voulons bien montrer que dans le cas sous étude nous nous retrouvons paradoxalement avec une masse désœuvrée. En fait, cette masse n'est rien d'autre que le produit du fonctionnement de la loi de la valeur mondialisée.

En fait, la mondialisation du capitalisme se manifeste par cette prolifération des entreprises minières qui ne sont rien que l'outil du capitaliste. Une prolifération qui ne permet pas à ceux qui y œuvrent d'accéder à une consommation décente mais par contre les infantilisent et les font perdre leur personnalité, bref les déshumanise.

La masse désœuvrée cherche à fonctionner à la marge de la centrale que développent ces entreprises minières pour vivre. Le constat est qu'au lieu de vivre, cette masse s'installe en plein dans la survie. Parce qu'elle est installée dans la survie, elle développe la tendance de se faire embaucher ; or, en se faisant embaucher elle devient plus aliénée qu'avant.

Donc, la masse désœuvrée vit totalement une situation dont elle n'a pas connaissance totale. Elle sent qu'en restant en tant que telle, elle est toujours à la marge ; en devenant salariée, elle s'intègre dans le système ignorant que son intégration dans le système la rend plus aliénée qu'elle ne l'était avant, ce qui aggrave même sa condition.

C'est ici qu'on recycle la loi de la valeur mondialisée qui est une loi qui confirme la marginalisation massive.

Cette situation met les désœuvrés dans une ambivalence à telle enseigne qu'ils ne savent s'il faut abandonner ou poursuivre avec leurs activités. Ceci se consolide par nos données du terrain ci-dessous.

Graphique n° 18 : Raison de savoir pourquoi le travail de creuseurs

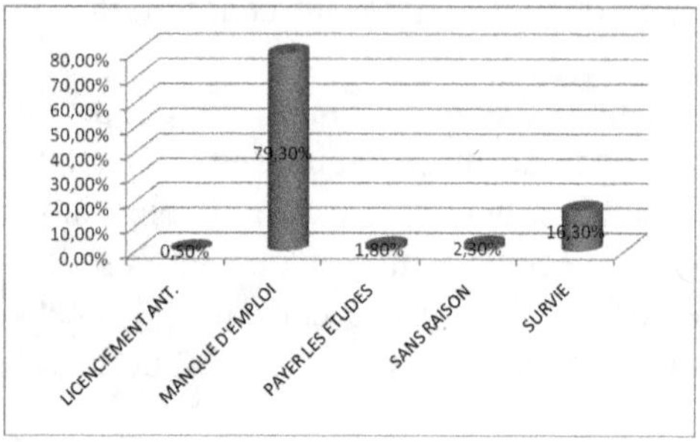

Source : Nos enquêtes sur terrain

Il ressort de ce graphique que 79,30 % de creuseurs pratiquent cette activité par manque d'emploi, 16,30 % de creuseurs pratiquent cette activité pour la survie, 2,30 % de creuseurs ne savent pas dire la raison pour laquelle ils pratiquent cette activité, 1,80 % de creuseurs pratique cette activité pour payer les études et 0,5 % de creuseurs ont été antérieurement licenciés de leur emploi raison pour laquelle ils pratiquent cette activité.

Figure n° 15 : Opinion de creuseurs s'ils comptent poursuivre avec leur activité de creusage

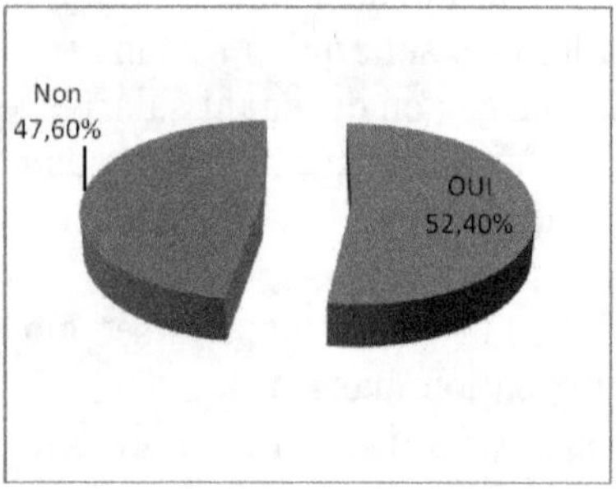

Source : Nos enquêtes sur terrain

De cette figure, il ressort que 52,40 % de désœuvrées comptent poursuivre leur activité de creusage tandis que 47,60 % de désœuvrées ne comptent plus poursuivre l'exercice de leur activité.

Graphique n° 19 : Opinion des creuseurs sur la raison de poursuivre avec cette activité

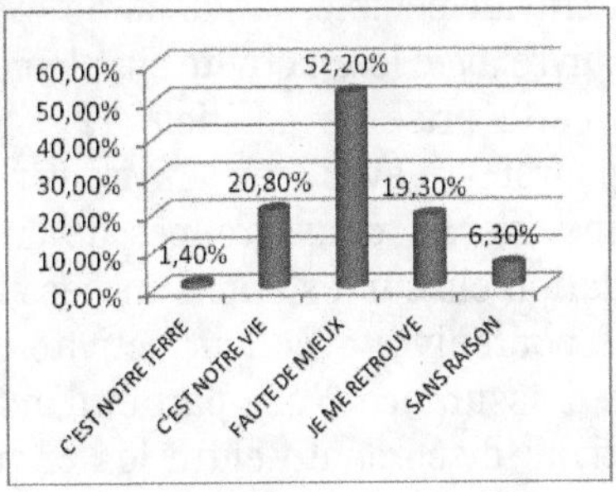

Source : Nos enquêtes sur terrain

Il ressort de ce tableau que bon nombre de désœuvrées comptent poursuivre avec leur activité faute de mieux soit 52,20 % de creuseurs ; 20,80 % de désœuvrées comptent poursuivre avec leur activité parce qu'ils estiment que leur vie en dépendait ; 19,30 % de désœuvrées comptent poursuivre avec leur activité parce qu'ils estiment qu'ils se retrouvent derrière cette pratique ; 6,30 % de désœuvrées comptent poursuivre avec leur activité mais n'ont aucun argumentaire pour cette poursuite et 1,40 % de désœuvrées estiment poursuivre avec leur activité car c'est leur terre, la terre des aïeux.

En effet, l'attachement à un travail ou à une activité n'est justifié que par l'intérêt ou les dividendes qu'on en tire et cela en dépit de sa taille.

Graphique n° 20 : Opinion des creuseurs sur la raison de poursuivre avec cette activité

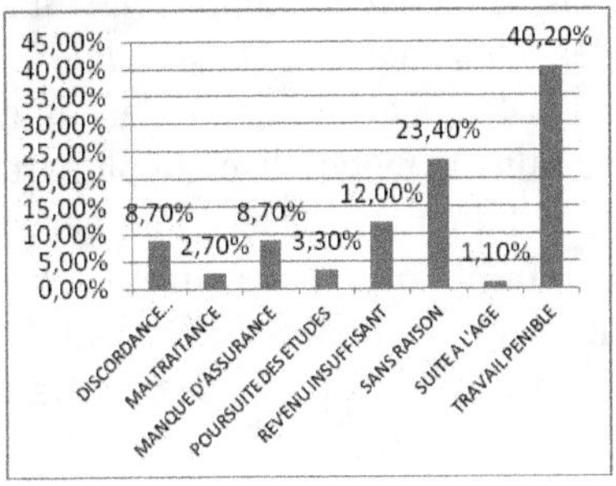

Source : Nos enquêtes sur terrain

De ce graphique ci-haut, il ressort que 40,20 % de creuseurs ne comptent plus poursuivre avec leur activité dans la mesure où ils estiment que c'est un travail pénible, 23,40 % de creuseurs ne comptent plus poursuivre avec leur activité simplement sans rien dire pour justifier cette prise de position, 12 % de creuseurs ne comptent plus poursuivre avec leur activité car ils estiment que le revenu est insuffisant, deux groupes de creuseurs soit 8,70 % de la population chacun estiment successivement qu'ils ne comptent plus poursuivre avec leur activité car c'est une activité qui manque d'assurance d'une part et d'autre part parce que c'est une activité discordante entre les efforts déployés et son revenu, 3,30 % de creuseurs ne comptent plus poursuivre avec leur activité car ils veulent aller poursuivre leurs études, 2,70 % de creuseurs ne comptent plus poursuivre avec leur activité dans la mesure où ils estiment que c'est un travail qui les maltraite et 1,10 % de la population estiment qu'ils ne comptent plus poursuivre avec leur activité vu l'âge qu'ils ont.

Nous pensons que l'activité de creuseur est dure et demande beaucoup d'effort physique d'une part et sans Sécurité sociale ou assurance quelconque d'autre part.

5.3 La législation minière congolaise : une législation extravertie

La face et l'application de la législation minière congolaise sont *extéristes* comme peuvent le constater tous les observateurs avertis. Le pouvoir politique congolais reste soumis au pouvoir économique qui le sécrète. Or le pouvoir économique qui le secrète reste le monopole des puissances internationales qui façonnent et conditionnent selon les contraintes de l'accumulation monopoliste qui est le capitalisme mondialisé. La plupart de révisions de la loi minière sont faites sur base d'une certaine demande extérieure du genre : « qu'il faut rendre attrayant votre climat d'investissement » alors que toutes ces révisions sont dictées et imposées de l'extérieur. Prenant position avec Kazadi Kimbu, il est remarquable qu'« il est établi que la constitution historique de l'État congolais actuel trouve son fondement dans la formation d'une économie extravertie dominée et contrôlée par les monopoles métropolitains »,[7] d'où les opinions issues de nos enquêtes sur la qualité de la deuxième loi minière.

Graphique n° 21 : Opinion des travailleurs sur la loi 007/2002

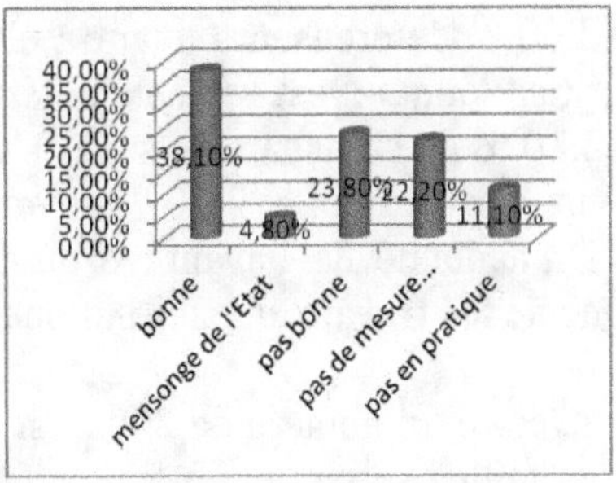

Source : Nos enquêtes sur terrain

En voulant savoir que pensaient nos enquêtés de la deuxième loi minière de 2002, 38,10 % des salariés, anciens creuseurs, estiment que c'est une bonne loi, 23,20 % à leur tour pensent que c'est une mauvaise loi, 22,20 % de la population estiment que c'est une loi qui n'a pas de mesure d'application, sans suivi et évaluation, 11,10 % des salariés estiment que c'est une loi qui n'est pas mise en pratique et 4,80 % de travailleurs autrefois creuseurs trouvent que cette loi est simplement un mensonge de l'État.

Graphique n° 22 : Opinion des creuseurs sur la loi 007/2002

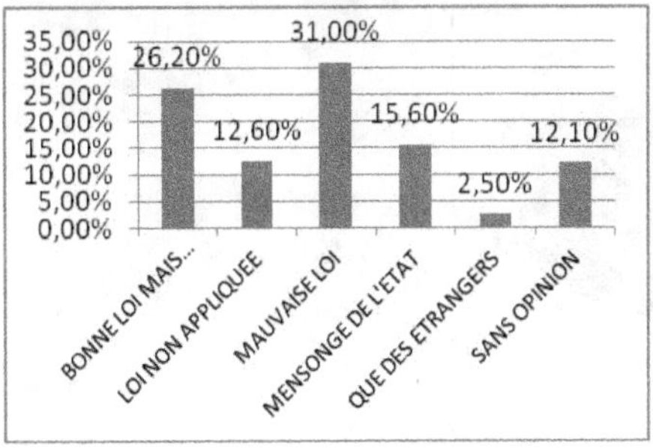

Source : Nos enquêtes sur terrain

7 KAZADI KIMBU, *op. cit.*, p. 162.

Il ressort de l'histogramme ci-dessus que 31,00 % de creuseurs estiment que la loi minière de 2002 est une mauvaise loi, 26,20 % de creuseurs pensent à leur tour que la loi minière de 2002 est bonne mais elle est sans mesures d'application, 15,60 % de creuseurs estiment que cette loi n'est rien d'autre qu'un mensonge de l'État, 12,60 % de creuseurs quant à elles qu'estiment c'est simplement une loi qui n'est restée que lettre morte sans être appliquée, 12,10 % de creuseurs se sont abstenus de donner leur point de vue sur cette loi et 2,50 % de creuseurs estiment que cette loi n'a donné de l'avantage qu'aux étrangers qui viennent faire même les travaux que les nationaux devraient faire.

L'expérience engendrée par cette loi minière de 2002 est en fait instructive. Cependant, ses failles serviraient à son amélioration et à tailler autour d'elle des mesures de son encadrement.

La deuxième loi minière a en fait créé beaucoup d'attentes dans le chef des populations et même dans les aspirations du législateur. Cependant, curieusement cette loi dans son application a accouché d'un hybride ou encore d'un produit auquel nul ne s'attendait d'où qui justifie l'opinion et la prise de position de nos enquêtés face à cette loi, notamment en ce qui concerne la création de l'emploi tel qu'attendu par le commun de mortel. Ce qui s'illustre par la figure ci-après :

Figure n° 16 : La loi minière de 2002 et la création de l'emploi chez les salariés

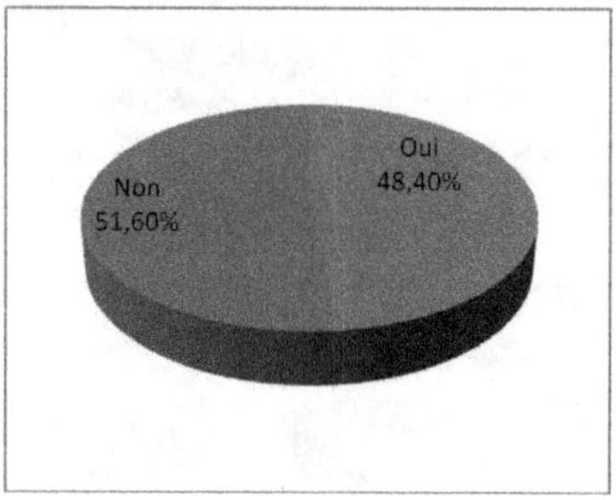

Source : Nos enquêtes sur terrain

Nos enquêtes sur le terrain démontrent que depuis la promulgation de la loi minière en 2002, celle-ci n'a pas réellement créé l'emploi soit l'opinion d'une proportion de 51,60 % des travailleurs, anciens creuseurs, tandis que 48,40 % estiment que depuis la promulgation de la loi minière de 2002, il y a eu réellement création des emplois.

La population est le premier acteur concerné et lorsqu'elle trouve qu'il n'y a pas de changement et qu'elle est toujours dans sa condition de non-activité, il va de soi que cette opinion est prépondérante.

Figure n° 17 : Loi 2002 et la création effective de l'emploi chez les creuseurs

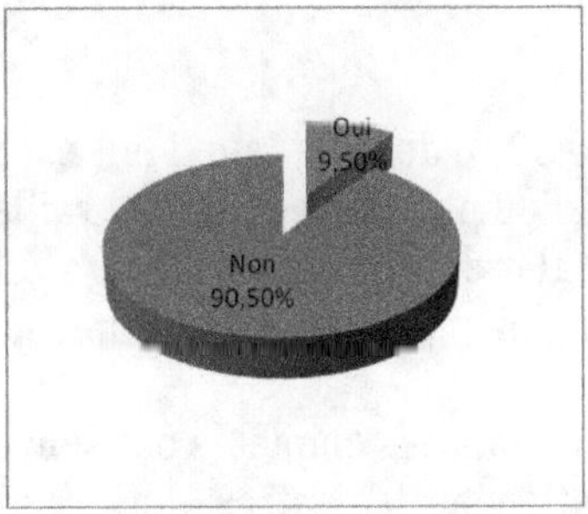

Source : Nos enquêtes sur terrain

La figure ci-dessus démontre que 90,50 % de creuseurs estiment que depuis la promulgation de la loi minière en 2002, l'emploi n'a pas été réellement créé, tandis que 8,50 % de creuseurs estiment que depuis la promulgation de la loi minière en 2002, l'emploi a été réellement créé.

En effet, notre constat paradoxale est aussi qu'avec la deuxième loi minière, on assisterait à la création des entreprises, lesquelles conduiraient à des recrutements massifs ce qui réduirait le chômage mais ces emplois ne sont pas effectifs, ce qui nous réconforte dans nos analyses.

Graphique n° 23 : Raison de l'opinion de travailleurs qui estiment que la loi de 007/2002 a créé de l'emploi

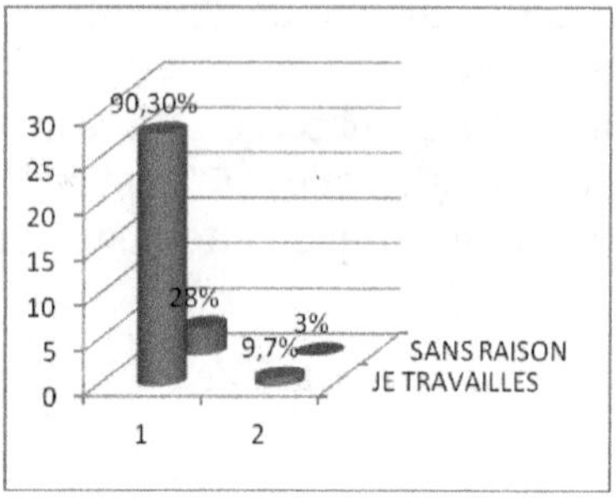

Source : Nos enquêtes sur terrain

Cette figure démontre que 90,30 % de ceux-là qui ont estimé qu'il y a eu réellement création d'emploi parce qu'ils travaillent pour la plupart et 9,70 % de salariés anciens creuseurs affirment réellement création d'emploi mais se sont simplement retenues de donner leur opinion.

Les anciens creuseurs devenus salariés enquêtés ont souvent tendance à transposer leur situation sur les autres alors que les faits sociaux sont changeants et localisables selon la position sociale.

Graphique n° 24 : Raison de l'opinion de travailleurs qui estiment que la loi de 007/2002 n'a pas créé l'emploi

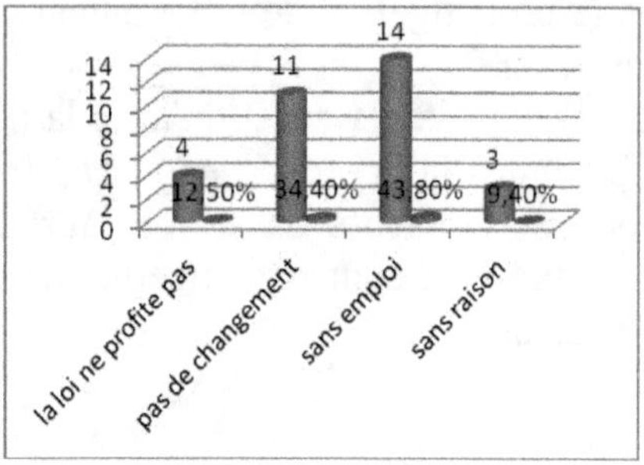

Source : Nos enquêtes sur terrain

En ce qui concerne la proportion de ceux qui ont affirmé qu'il n'y a pas eu création effective d'emplois, 43,80 % des salariés, anciens creuseurs, estiment que la création réelle d'emplois n'a lieu parce qu'ils sont dans le chômage, 34,40 % estiment qu'aucun changement n'a pu s'opérer car ils sont restés dans le statu quo et demeure sans emploi, 12,50 % estiment que cette loi ne leur profite pas car ils sont la preuve vivante du chômage et 9,40 % de travailleurs, anciens creuseurs, se sont simplement abstenus de donner leur opinion.

Le chômage est en fait une réalité vivante de la masse désœuvrée à telle enseigne que nulle ne peut leur prouver le contraire car pour eux la création de l'emploi signifie leur changement de cap du chômage ou de la masse désœuvrée à l'embauche ou à la masse ouvrière.

Graphique n° 25 : Raison de l'opinion de creuseurs qui estiment que la loi de 007/2002 n'a pas créé l'emploi

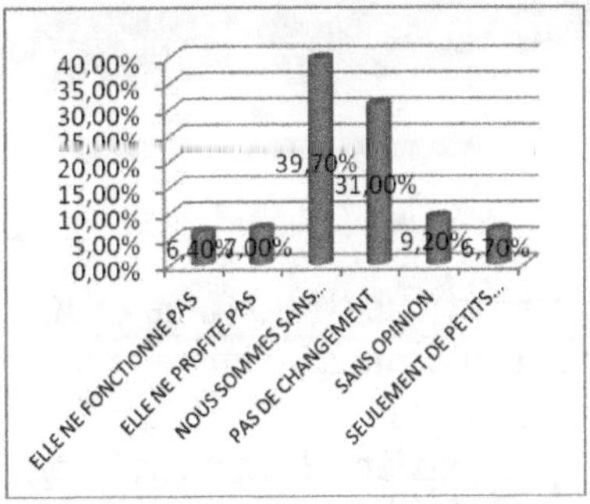

Source : Nos enquêtes sur terrain

Il ressort de ce graphique ci-haut que 39,70 % de creuseurs estiment que depuis la promulgation de la loi minière en 2002, l'emploi n'a pas été réellement créé parce qu'ils sont toujours sans emploi ; 31,00 % de creuseurs estiment que depuis la promulgation de la loi minière en 2002, l'emploi n'a pas été réellement créé dans la mesure où ils ne trouvent pas de changement avec la période d'avant cette loi ; 9,20 % de creuseurs pensent que depuis la promulgation de la loi minière en 2002, l'emploi n'a pas été réellement créé sans argument sur le pourquoi, 7,00 % de creuseurs estiment que depuis la promulgation de la loi minière en 2002, l'emploi n'a pas été réellement créé en ce sens que cette loi ne profite même pas aux nationaux, 6,70 % de creuseurs estiment que depuis la promulgation de la loi minière en 2002, l'emploi n'a pas été réellement créé car il n'y a eu seulement que des petits contrats selon eux, 6,40 % de creuseurs enfin pensent que depuis la promulgation de la loi minière en 2002, l'emploi n'a pas été réellement créé et cette loi en réalité ne fonctionne pas.

Étant donné que nos enquêtés estiment que cette loi n'a pas créé l'emploi et son fonctionnement est aporétique, il se dégage alors les opinions suivantes issues du terrain :

Figure n° 18 : Modification de la loi minière de 2002

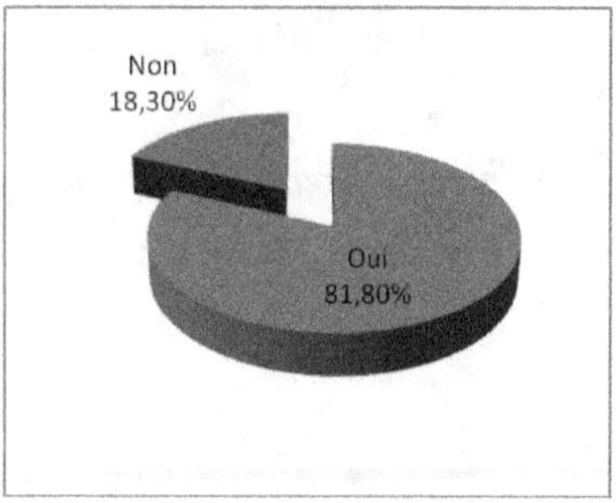

Source : Nos enquêtes sur terrain

De la figure ci-dessus, il ressort que 81,80 % de creuseurs estiment qu'il faille modifier la deuxième loi minière tandis que 18,30 % de creuseurs estiment qu'il ne faille pas la modifier.

En effet, la modification de la deuxième loi minière s'impose dans la mesure où, les attentes du législateur lors de sa mise sur pied et le résultat sur le terrain sont vraiment contradictoires.

Figure n° 19 : Opinion des travailleurs sur la modification de la loi 007/2002

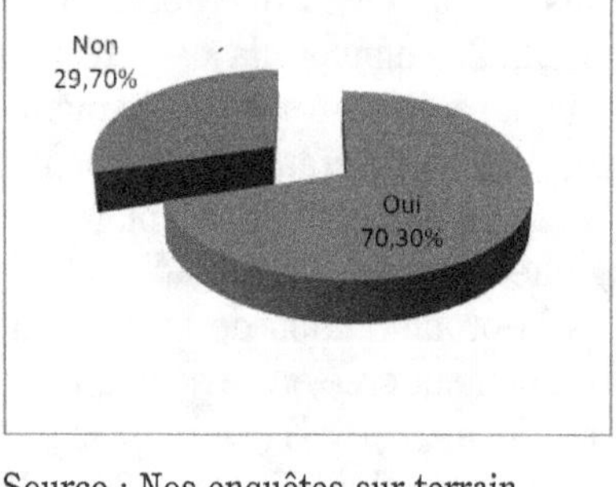

Source : Nos enquêtes sur terrain

La figure ci-dessus présente la prise de position de la population face à la deuxième loi minière notamment en ce qui concerne sa modification. 70,30 % des salariés estiment qu'il faille la modifier tandis que 29,70 % de nos enquêtés souhaitent que la deuxième loi minière soit gardée intacte.

En effet, la modification de la loi de 07/2002 portant code minier s'impose en tenant compte des inattendues auxquels nous nous sommes butés.

Graphique n° 26 : Raison de l'opinion de la modification de la loi 007/2002 chez les travailleurs

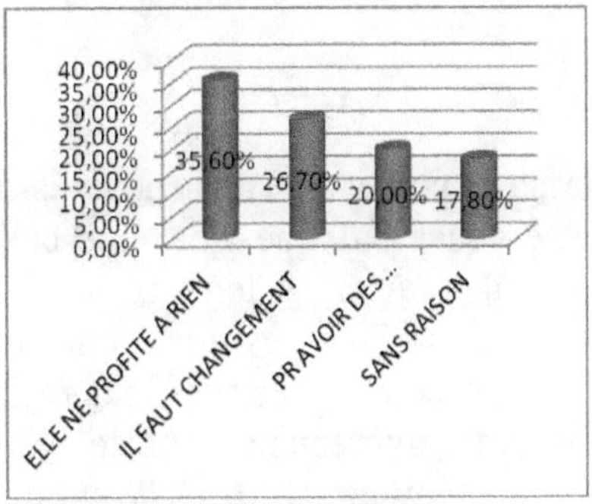

Source : Nos enquêtes sur terrain

La figure ci-dessus présente les raisons pour lesquelles cette loi devait être modifiée. Pour les uns soit 35,60 % des travailleurs salariés affirment que c'est une loi qui ne profite à rien à la population ; 26,70 % souhaitent simplement un changement du régime ; 20,00 % de la population estiment que cette loi soit modifiée pour que la population ait des avantages et pour les autres enfin soit 17,80 % estiment que la modification de cette loi est indispensable mais n'ont avancé aucune raison.

Graphique n° 27 : Raison de l'opinion de la non-modification de la loi 007/2002 chez les travailleurs

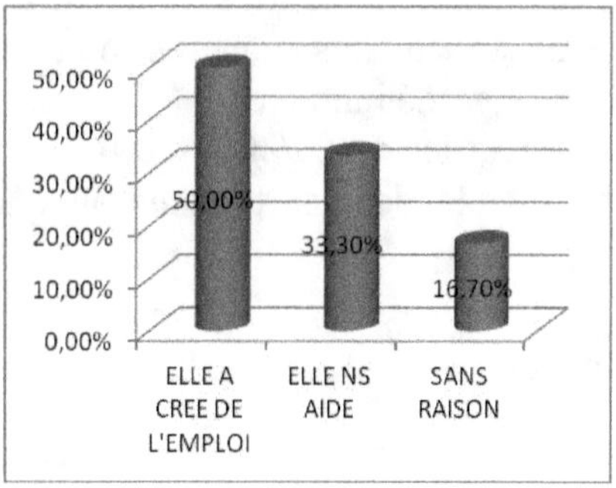

Source : Nos enquêtes sur terrain

Cette figure présente la prise de position de nos enquêtés soit une proportion de 50,00 % ne pense pas que c'est une bonne chose de modifier cette loi pour des raisons selon eux que cette loi a créé de l'emploi ; 33,30 % quant à eux estiment que cette loi les aide quand même car avant cette loi permet leur reclassement dans la société plus particulièrement dans le bassin minier de l'Ex-Katanga était hypothétique et 16,70 % estiment que cette loi ne doit pas être modifiée mais sans aucune raison au préalable.

Dans tous les cas, ce n'est pas à cause d'une minorité qui a trouvé un positionnement ou un reclassement social au sein de la société que le gros ou la majorité de la masse désœuvrée soit laissée pour compte. Par contre, il serait souhaitable de se servir des failles que présente la deuxième loi minière pour plus de progrès sinon d'amélioration au bénéfice de la majorité de la masse désœuvrée.

La législation minière congolaise non seulement qu'elle est tournée vers l'extérieur mais bien plus, les produits issus de cette exploitation ne sont d'aucune consommation locale par contre cette production est pour l'exportation.

Aucune des entreprises minières ne produit pour une transformation sur place ou pour la consommation. Les produits sont exportés pour la transformation à l'extérieur. Cette législation a même de l'impact sur économie qui n'est rien d'autre que *com-*

pradoriale se caractérisant ainsi par l'orientation quasi exclusive de sa production vers des activités exportatrices, contrairement aux économies développées où la production est principalement destinée à la consommation finale locale. Une économie *compradoriale* est beaucoup plus inégalitaire qu'une économie « nationaliste », puisque les bénéfices sont concentrés entre les mains des quelques commerçants exportateurs qui n'ont même pas intérêt à ce qu'il y ait une hausse du pouvoir d'achat de leur population puisqu'elle ne constitue pas sa clientèle potentielle.

Quant aux produits de première nécessité que consomme la population, ils sont souvent importés, ce qui fait qu'à la place d'une multitude de petits et moyens producteurs on retrouve deux ou trois gros commerçants importateurs de produits comme le dernier cas en date avec la farine qui posait problème.

Au regard de ce qui précède, pourrons-nous comprendre que la législation minière congolaise est là pour satisfaire les pays investisseurs et ses investisseurs de l'extérieur ? Pourrons-nous aussi penser qu'il existe des cordons au niveau interne qui nous lient avec l'extérieur ?

La production minière congolaise et même sa législation tourneraient autour des besoins des populations et pour ses populations. Il est inconcevable que toute la somme de l'exportation de ses gisements que la population puisse développer une telle précarité de la vie telle que démontrée par les résultats de nos enquêtes sur terrain.

5.4 La législation minière congolaise : une législation contradictoire

La législation minière congolaise a des lois. Mais, en réalité, ces lois n'ont aucune application sur le terrain. De ce point de vue cette législation se veut contradictoire dans la mesure où elle veut la chose et son contraire. C'est une législation qui a les germes de son contraire. Le législateur congolais légifère des lois en matière des mines et tous ses services y afférent dans le souci d'attirer les investissements dans ce domaine. De ces investissements sortirait l'emploi qui résorberait le chômage.

Or, il est reconnu qu'avec l'emploi créé, les conditions de vie de la population s'amélioreraient mais curieusement dans le bassin minier de l'Ex-Katanga plus particulièrement, nous constatons que cette législation est plus bénéfique pour les investisseurs que la population qui devrait aussi en jouir. Ce cas s'illustre en ce qui concerne les étrangers qui ne peuvent exercer que le travail qui demande l'expertise que les nationaux n'ont pas. Nos enquêtes sur terrain, il ressort que certaines entreprises minières embauchent les expatriés pour le travail de garde (sécurité des installations). Que voulez-vous dans ce cas que les autochtones fassent ? Nous pouvons citer notamment le cas de SMCO, HUACHIN, CDM, la liste étant non exhaustive.

Étant donné que les services de l'État qui doivent faire appliquer la législation en vigueur n'en font pas ou autrement dit sont démissionnaires et donc le gouvernement ne se sent pas responsable face aux lois en vigueur pour leur application stricte.

À titre illustratif, nous avions eu à rencontrer un cas d'explosion pendant notre descente sur terrain. Cette explosion a eu lieu dans les installations de l'entreprise SMCO, nul n'a pu y accéder, pas même l'autorité de la ville de Likasi qui s'y est rendue à cause de la garde chinoise qui ne voulait pas donner accès même aux autorités de la place.

De toute évidence, la législation minière congolaise est mitigée et même contradictoire par rapport à la philosophie du législateur. C'est ici qu'il convient de remarquer que la législation congolaise est fixée pour des raisons de commodité par rapport à la société mondiale capitalisée mais sans aucun fondement dans son application au sein de la formation sociale, le bassin minier de l'Ex-Katanga.

5.5 La déconfiture politique comme produit de la loi de la valeur mondialisée

Les études organisées par le PNUD établissent que la République démocratique du Congo est classée parmi les pays les plus corrompus du monde. Les services cités dans cette étude sont notamment les cabinets ministériels, l'armée, l'enseignement, les régies financières et la fonction publique. Cette corruption a pour objectif de toucher les gains monétaires en vue de gagner sa vie. Ce penchant monétaire explique même la création de tous ces partis politiques (plus de 450 partis politiques enregistrés en République démocratique du Congo) dont le but est de conquérir le pouvoir en vue de bénéficier les retombées financières.

L'exercice du pouvoir en République démocratique du Congo se caractérise par la loi de la *provisoirité* fonctionnelle. Cette loi a comme pensée corollaire la loi de l'anticipation dans la maximisation des utilités économiques. Elle s'explique par le simple fait que la personne se convint « comme je ne sais pas combien de temps je ferai au pouvoir et comme je ne sais pas non plus ce que je serai après le pouvoir, j'anticipe dans la maximisation de profits ».

Cette manière de concevoir les choses a comme conséquence le déplorable comportement des dirigeants politiques qui ne prennent même pas en compte la dimension humaine dans la rétribution des facteurs.

Les élections organisées au pays éclairent davantage à ce propos. Lors des élections de 2006, 7 000 candidats sont inscrits à la députation nationale. En 2011, le pays s'est retrouvé avec 18 650 candidats pour 500 postes. Cette course pour acquérir le poste de député afin d'avoir accès au cercle où l'on peut solliciter un poste au gouvernement ou dans des entreprises du portefeuille dans le but de s'auto servir est suffisamment éloquente.

5.6 La déconfiture socioculturelle comme produit de la loi de la valeur mondialisée

La baisse du niveau de l'éducation dans les institutions d'enseignement, la corruption des enseignants, la perte de la conscience professionnelle, le bafouement même de serment lié à la profession pour le cas type des médecins, etc. ne sont qu'effet induit de la loi de la valeur mondialisée qui ne considère pas l'homme. Ainsi, tous ceux qui se trouvent dans cette formation sociale sont-ils simplement à la recherche de leur auto rémunération.

C'est une phase d'autodestruction du système social. Ceci s'illustre avec une des déclarations de l'ex-président, feu Mobutu, qui considérait l'enseignement comme la cinquième roue d'une voiture.

Jadis sous l'impulsion de la première loi minière, la situation socioculturelle était l'apanage des sociétés implantées notamment la Gécamines, la SNCC, la SODIMICO, etc. Ces différentes sociétés se sentaient responsables de l'encadrement socioculturel dans le but de faciliter la constitution des familles des travailleurs sur le lieu de travail. En effet, cet encadrement se faisait par l'organisation d'un service médical de premier ordre, la création de l'œuvre pour la protection de l'enfant noir afin de lutter contre la mortalité infantile, la mise en œuvre des écoles primaires et professionnelles pour les enfants du personnel, l'instauration d'un système de Sécurité sociale suivant le schéma pratiqué dans les pays occidentaux les plus avancés, les allocations familiales, les congés payés, la rente d'invalidité, la pension de vieillesse, l'assurance décès, l'organisation des cercles pour permettre les échanges, etc.

Contrairement à ce qui se passait autrefois, les sociétés actuellement implantées sous l'impulsion de la deuxième loi minière ne déploient aucun effort en ce sens-là. Elles ne se sentent pas non plus concernées par la question. De ce point de vue, la situation laisse à désirer et suscite la question de savoir si on peut soutenir les activités d'exploitation artisanale ou encore faut-il soutenir l'exploitation industrielle avec tout ce qu'elle laisse derrière soi ? Les tableaux ci-dessous présentent les opinions issues de nos enquêtes à ce propos.

Figure n° 20 : Opinion sur le soutien de l'exploitation artisanale pour accroître le bien-être chez les creuseurs

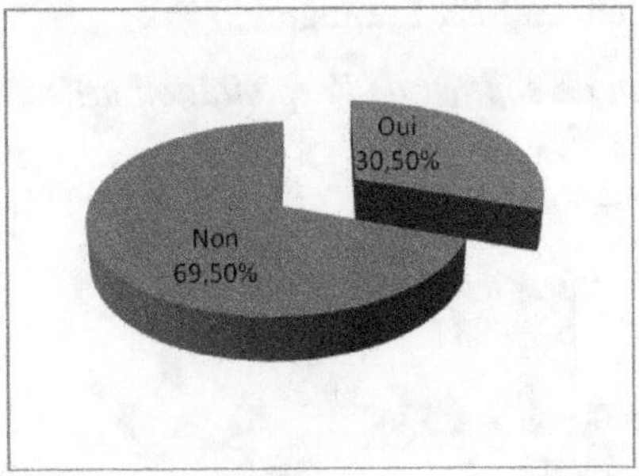

Source : Nos enquêtes sur terrain

De cette figure, il ressort que 69,50 % de creuseurs estiment qu'il ne faut pas soutenir les activités d'exploitation artisanale tandis que 30,50 % de creuseurs estiment qu'il faut soutenir les activités d'exploitation industrielle au détriment de l'exploitation artisanale.

Figure n° 21 : Opinion sur le soutien de l'exploitation artisanale pour accroître le bien-être chez les travailleurs

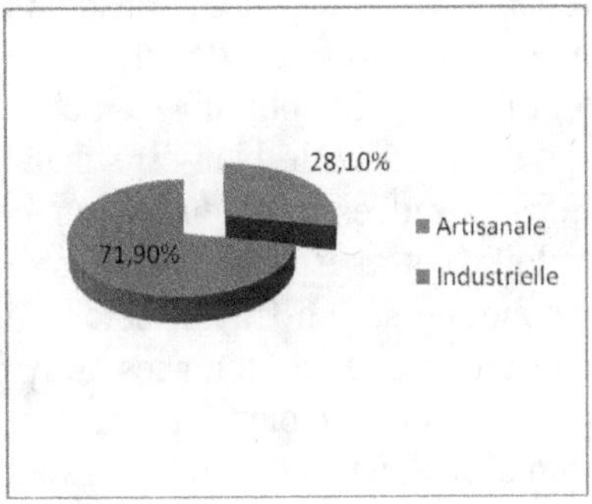

Source : Nos enquêtes sur terrain

La figure ci-dessus présente le type d'activité ou d'exploitation minière à soutenir. Pour les gros de la population soit 71,90 % estiment qu'il faut soutenir l'exploitation industrielle tandis que 28,10 % estiment qu'il faille soutenir les activités de l'exploitation artisanale.

Soutenir les activités de l'exploitation industrielle tout en les humanisant c'est en fait répondre aux besoins sociaux et économiques dans le bassin minier de l'Ex-Katanga.

Graphique n° 28 : Raison de soutien de l'exploitation artisanale pour accroître le bien-être chez les creuseurs

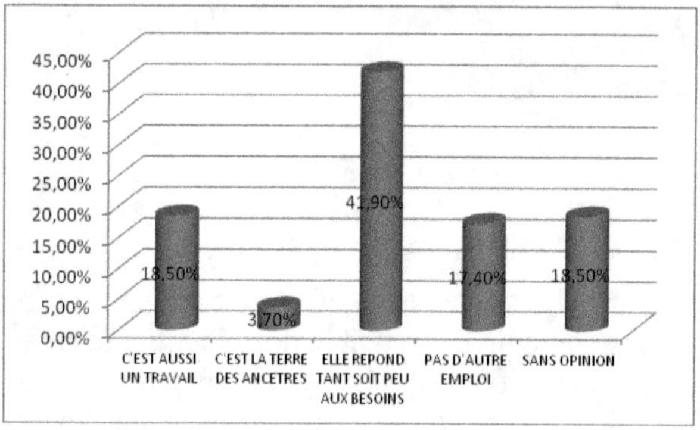

Source : Nos enquêtes sur terrain

Il ressort de cet histogramme qu'on peut soutenir les activités de l'exploitation artisanale pour accroître le bien-être dans la mesure où cette activité répond tant soit peu aux besoins des populations, opinion soutenue par 41,90 % de creuseurs ; 18,50 % de creuseurs estiment qu'on peut soutenir les activités de l'exploitation artisanale pour accroître le bien-être mais ne donnent aucune raison ; 18,50 % autres estiment qu'on peut soutenir les activités de l'exploitation artisanale pour accroître le bien-être car c'est quand même aussi un travail selon eux ; 17,40 % de creuseurs estiment qu'on peut soutenir les activités de l'exploitation artisanale pour accroître le bien-être en ce sens qu'il n'y a pas d'autres emplois et 3,70 % de creuseurs enfin estiment qu'on peut soutenir les activités de l'exploitation artisanale pour accroître le bien-être dans la mesure où c'est la terre des ancêtres et leur patrie.

Graphique n° 29 : Raison de soutien de l'exploitation artisanale pour accroître le bien-être chez les travailleurs

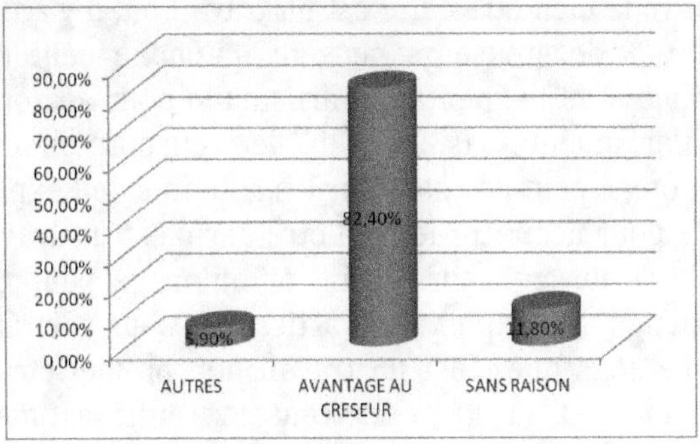

Source : Nos enquêtes sur terrain

Pour 82,40 % des travailleurs salariés et anciens creuseurs, l'exploitation artisanale est le seul avantage donné aux creuseurs et donc il est indispensable de soutenir cette activité tandis que 11,80 % de nos enquêtés estiment qu'il faut la soutenir seulement mais sans aucune raison et 5,90 % soutiennent l'exploitation artisanale en évoquant entre autres raison que leur survie en dépend.

En effet, soutenir une telle activité est même un signal fort à l'incapacité de l'État à mettre en place les structures comme les petites et moyennes entreprises dans le but de résorber le chômage qui fait partie des priorités nationales.

Graphique n° 30 : Raison de non soutien de l'exploitation artisanale pour accroître le bien-être chez les creuseurs

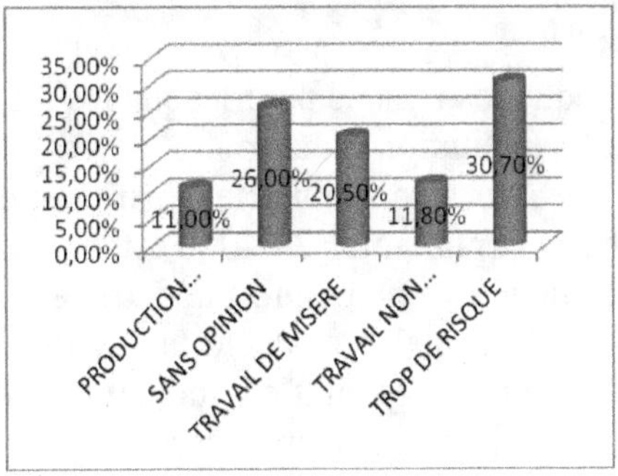

Source : Nos enquêtes sur terrain

Il ressort de ce graphique que 30,70 % de creuseurs estiment qu'on ne peut pas soutenir les activités de l'exploitation artisanale pour accroître le bien-être car c'est un travail où, il y a trop de risque, 26,00 % de creuseurs pensent qu'on ne peut pas soutenir les activités de l'exploitation artisanale pour accroître le bien-être et n'argumente pas, 20,50 % de creuseurs quant à eux, pensent qu'on ne peut pas soutenir les activités de l'exploitation artisanale pour accroître le bien-être car c'est un travail misérable, 11,80 % de creuseurs estiment qu'on ne peut pas soutenir les activités de l'exploitation artisanale pour accroître le bien-être en ce sens que c'est un travail non prometteur et sans Sécurité sociale et 11,00 % de creuseurs enfin estiment qu'on ne peut pas soutenir les activités de l'exploitation artisanale pour accroître le bien-être car c'est un travail dont la production est insuffisante ainsi que le revenu qui en découle.

Graphique n° 31 : Raison de soutien de l'exploitation industrielle pour accroître le bien-être chez les travailleurs

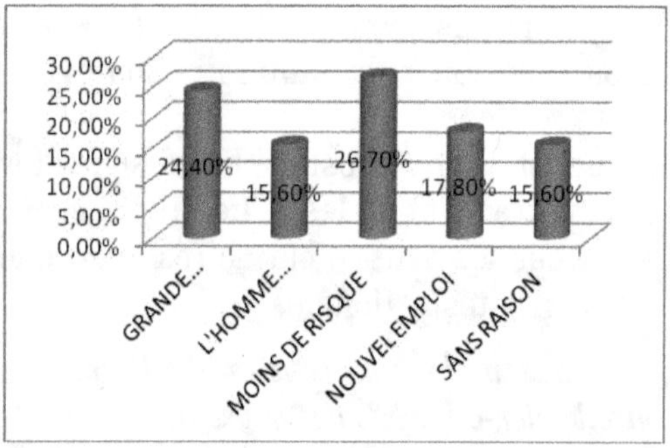

Source : Nos enquêtes sur terrain

La figure ci-dessus indique les raisons pour lesquelles il faut soutenir les activités de l'exploitation industrielle. 26,70 % de nos enquêtés soutiennent l'exploitation industrielle parce qu'elle présente moins de risque aux exploitants ; 24,40 % estiment que l'exploitation industrielle doit être soutenue au détriment de l'exploitation artisanale car c'est d'elle que vient la grande production ; 17,80 % soutiennent l'exploitation industrielle car c'est-elle qui est pourvoyeuse de nouvel emploi et deux groupes chacun de 15,60 % de nos enquêtés estiment que l'exploitation industrielle vaut son pesant d'or car d'une part l'homme travaille moins sans qu'il ne tue son corps comme le creusage artisanal et d'autre part enfin ils soutiennent l'exploitation industrielle mais sans un leitmotiv.

Il est clair que l'exploitation industrielle est la plus souhaitable mais les deux types d'exploitation peuvent être soutenus à condition qu'elles répondent de part et d'autre aux conditions de Sécurité sociale et que la réglementation en la matière soit réellement suivie (mesure d'application) et enfin qu'il y ait suivi effectif des creuseurs dans leurs sites d'exploitation.

5.7 La trilogie antipodale d'extra-vergence comme thérapie à la loi de la valeur mondialisée

La loi de la valeur mondialisée basée sur la trilogie maximisation de la production, minimisation des coûts de production et maximisation du profit n'a pas conduit les gens au bonheur, au bien-être et au développement. Ladite trilogie n'a conduit qu'à l'ascension du capitaliste. Pour le cas échéant, il s'agit de toutes les entreprises minières qui ne sont que des outils du capitaliste pour sa matérialisation sur le terrain sinon l'application des principes capitalistiques au détriment de la population concernée dont celle du bassin minier de l'Ex-Katanga, qui s'inscrit comme un champ d'application de la loi. Il importe de souligner que la plupart des pays du monde surtout les pays dits en voie de développement qui voudraient fonctionner en s'accommodant à ce mode de gestion mondialisée se butent souvent à cette *périphérisation* et donc à un développement du sous-développement. Celui-ci se caractérise par une certaine précarité de la vie. Les populations vivent dans des conditions infrahumaines où l'accès à la consommation pose problème et ces conditions les dépouillent de leur *Mobalité* comme le pense Kazadi Kimbu. Ce cas s'illustre par les résultats de nos enquêtes sur terrain qui démontrent que la population se livre à des activités à très haut risque et sans protection ni sécurité juste pour avoir à peine de quoi manger ; mais quant à l'accès aux soins de santé, à l'eau potable, à la scolarité des enfants et à la décence du logement, c'est encore hypothétique comme l'indique la figure ci-dessous.

Figure n° 22 : Possibilité de nouer les bouts du mois avec le revenu des creuseurs

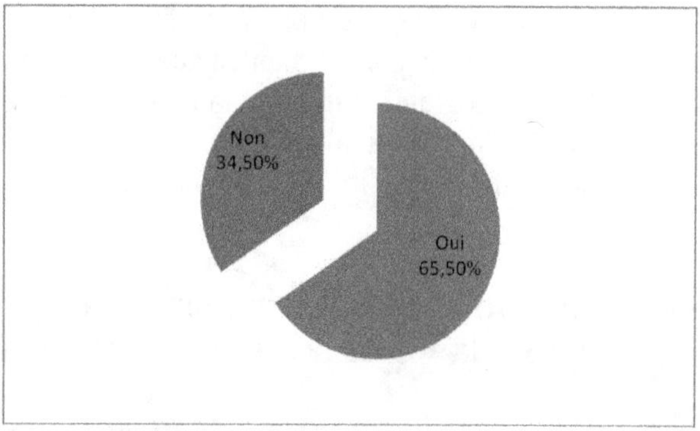

Source : Nos enquêtes sur terrain

La figure ci-dessus démontre qu'en exerçant cette activité 65,50 % de creuseurs estiment avoir la possibilité de nouer les deux bouts du mois tandis que 34,5 % de la population estiment qu'en exerçant cette activité, ils n'ont pas la possibilité de nouer les deux bouts du mois.

Au regard du tableau ci-dessous, les gens ne sont en réalité capables de couvrir tous les besoins, cependant le besoin alimentaire semble le plus couvert par le gros de creuseurs en dépit de sa qualité soit 63,80 %, suivi du besoin de logement ou d'habitat soit 47,30 % de creuseurs, 34,50 % à leur tour ne couvre à peine le besoin en soins de santé, 33,30 % pour leur part ne couvrent aussi à peine le besoin en termes de scolarité des enfants et 20,80 % des creuseurs enfin couvrent à peine le besoin de loisirs.

Tableau n° 20 : Couvertures des besoins avec le revenu du creusage

Alimentaire		Fréquence	Pourcentage
	Oui	255	63,80 %
	Non	145	36,30 %
	Total	400	100,00 %
Habitat		Fréquence	Pourcentage
	Oui	189	47,30 %
	Non	211	52,80 %
	Total	400	100,00 %
Sanitaire		Fréquence	Pourcentage
	Oui	138	34,50 %
	Non	262	65,50 %
	Total	400	100,00 %
Scolarité enfant		Fréquence	Pourcentage
	Oui	133	33,30 %
	Non	267	66,80 %
	Total	400	100,00 %
Transport et loisirs		Fréquence	Pourcentage
	Oui	83	20,80 %
	Non	317	79,30 %
	Total	400	100,00 %

Source : Nos enquêtes sur terrain

Le tableau ci-dessus dénote la précarité de la vie de la population qui exerce l'activité de creusage car tous les efforts consentis ne sont que pour le manger selon eux.

Tableau n° 21 : Besoins couverts des travailleurs anciens creuseurs

Besoins couverts	Fréquence	Pourcentage	Pourcentage cumule
ÉLÉMENTAIRES	64	100,00 %	100,00 %
Total	64	100,00 %	100,00 %

Source : Nos enquêtes sur terrain

Le tableau ci-dessus démontre que 100 % de nos enquêtés ont les besoins alimentaires comme principal besoin couvert. Quel est, en fait, le repas principal dans le bassin minier de l'Ex-Katanga ?

Graphique n° 32 : Repas principal chez les creuseurs

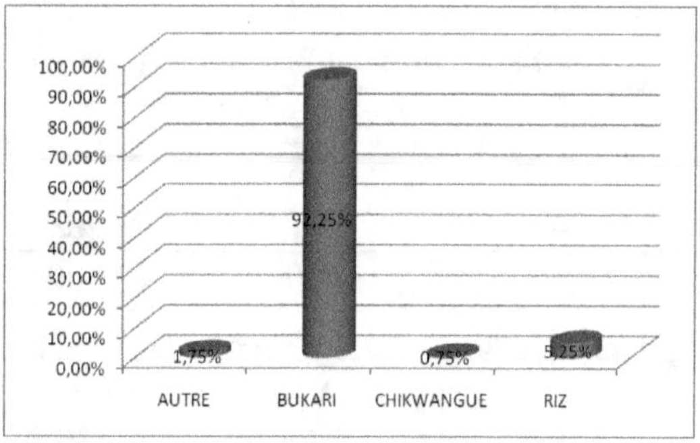

Source : Nos enquêtes sur terrain

Il ressort du graphique ci-haut que la majeure proportion de population dans le bassin minier de l'Ex-Katanga consomme le Bukari comme l'indique les pourcentages soit 92,25 % de creuseurs, 5,25 % de creuseurs consomment le riz comme repas principal, 0,75 consomme de la chikwangue et 1,75 % de creuseurs enfin consomment autres choses.

Il est remarquable que la prise du *Bukari* fasse partie de la culture alimentaire dans le bassin minier de l'Ex-Katanga et que le riz et la *chikwangue* ne soient que complémentaires.

Graphique n° 33 : Type de repas chez les travailleurs anciens creuseurs

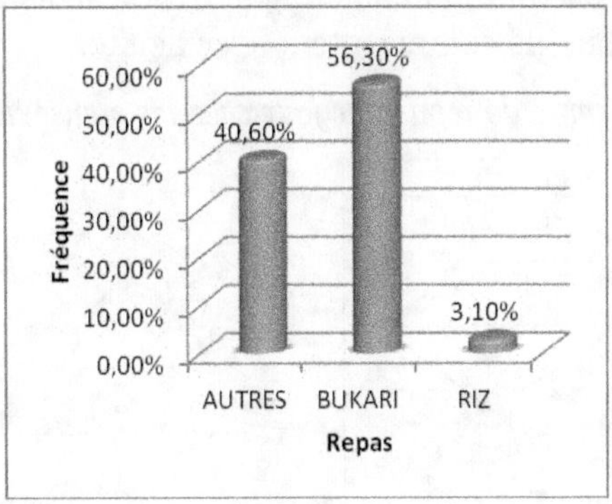

Source : Nos enquêtes sur terrain

De la figure précédente, il ressort que bon nombre des salariés, anciens creuseurs, dans le bassin minier de l'Ex-Katanga consomment plus le *Bukari* comme repas de base soit 56,30 %, 40,60 % des travailleurs, anciens creuseurs, consomment autres choses et 3,10 % enfin ne consomment que le riz comme repas principal.

La prise du *Bukari* fait partie de la culture alimentaire dans le bassin minier de l'Ex-Katanga.

Tableau n° 22 : Nombre de repas par jour chez les travailleurs

Nombre repas	Fréquence	Pourcentage
2	49	76,60 %
1	10	15,60 %
3	5	7,80 %
Total	64	100,00 %

Source : Nos enquêtes sur terrain

Le tableau ci-dessus démontre que 76,60 % des salariés, anciens creuseurs, prennent deux repas par jour, 15,60 % à leur tour prennent un repas par jour et 7,80 % d'entre eux prennent trois repas par jour.

La débrouille dans laquelle les désœuvrés se lancent c'est principalement pour l'alimentation ensuite d'autres besoins qui peuvent s'ajouter selon qu'ils se présentent avec acuité.

Graphique n° 34 : Nombre de repas par jour chez les creuseurs

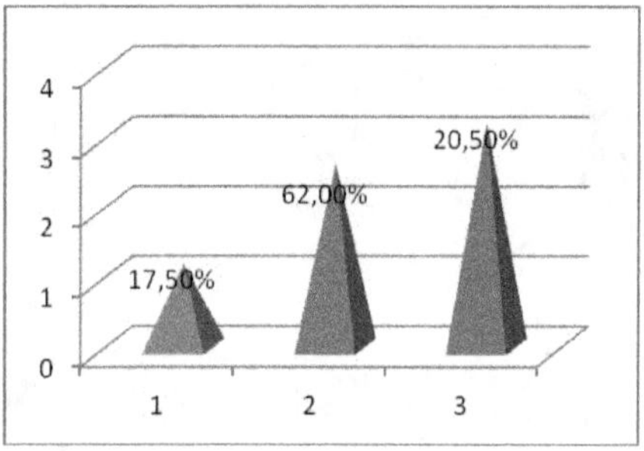

Source : Nos enquêtes sur terrain

Le graphique ci-dessus démontre que 62 % de creuseurs prennent deux repas le jour, 20,50 % de creuseurs prennent trois repas par jour et 17,50 % de creuseurs enfin prennent un seul repas par jour.

À la lumière de notre étude, et dans notre rôle d'éveilleur de la conscience de la masse désœuvrée, il importe d'envisager la sortie de la décroissance, de l'intensification du chômage et de la pauvreté criante dans laquelle le bassin minier de l'Ex-Katanga s'engouffre. Ainsi, dans la recherche du que faire pour sortir les désœuvrées de cette pauvreté de masse, nous nous appuyons sur les tableaux ci-dessous.

Tableau n° 23 : Comment sortir de la pauvreté chez les désœuvrés

COMMENT SORTIR DE LA PAUVRETÉ	Pourcentage
Création effective des emplois	61,50 %
Amélioration des conditions de travail	15,90 %
Changement de gouvernement	6,90 %
Augmenter teneur de produits et payer à bon prix	6,40 %
Sans opinion	5,60 %
Améliorer la gestion de la chose publique	1,50 %
Nous accorder les collines	1,00 %
Chasser les Chinois	0,50 %
Lutte contre le tribalisme	0,50 %
Total	100,00 %

Source : Nos enquêtes sur terrain

De ce tableau, il ressort que ce qui peut sortir les désœuvrés du Katanga de cette pauvreté, c'est la création effective des emplois soit l'opinion de 61,50 % de creuseurs ; 15,90 % de creuseurs estiment que ce qui peut sortir les désœuvrés du Katanga de cette pauvreté, c'est l'amélioration des conditions de travail ; 6,90 % de creuseurs estiment que ce qui peut sortir les désœuvrés du Katanga de cette pauvreté, c'est le changement de gouvernement ; 6,40 % de creuseurs pensent à leur tour que ce qui peut sortir les désœuvrés du Katanga de cette pauvreté, c'est que les partenaires revoient la cotation de la teneur de produits et qu'ils les achètent à bon prix ; 5,60 % de creuseurs sont sans opinion sur cette question ; 1,50 % de creuseurs trouvent que ce qui peut sortir les désœuvrés du Katanga de cette pauvreté, c'est l'amélioration de la gestion de la chose publique et la participation de tous, 1,00 % de creuseurs estime que ce qui peut sortir les désœuvrés du Katanga de cette pauvreté, c'est le fait que l'État doit donner réellement des collines ou des espaces d'exploitation des artisanaux et deux groupes de 0,50 % chacun estime que ce qui peut sortir les désœuvrés du Katanga de cette pauvreté, ça ne peut être que la lutte contre le tribalisme d'une part et le rapatriement des chinois et indo-pakistanais d'autre part.

Graphique n° 33 : Comment sortir du manque d'infrastructure chez les travailleurs

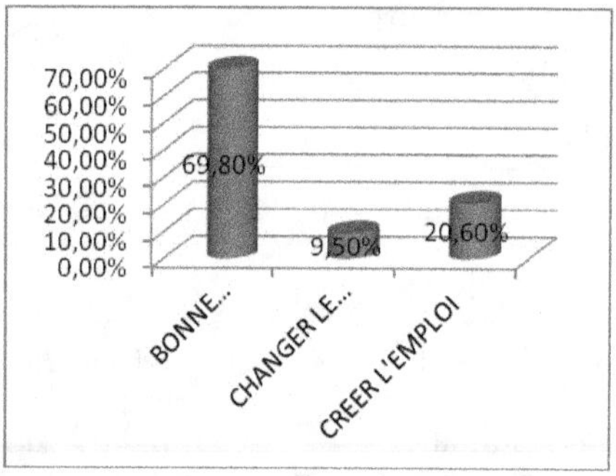

Source : Nos enquêtes sur terrain

La figure ci-dessus démontre les opinions de nos enquêtés telles qu'ils préconisent pour sortir de la pauvreté que nous avons appelé le manque d'infrastructures. Il ressort de cette figure que 68,80 % estiment que la bonne gouvernance est la voie pour sortir de ce manque d'infrastructures ou de la pauvreté, 20,60 % de nos enquêtés à leur tour estiment qu'il est indispensable de créer réellement des emplois et 9,5 % de travailleurs salariés, anciens creuseurs, estiment que le changement de gouvernement sortirait les individus de ce manque d'infrastructures.

Cette analyse nous a conduit à la comparaison de la jouissance pendant la première loi minière et la deuxième loi minière dont la teneur des opinions de nos enquêtes sur terrain :

Tableau n° 16 : Comparaison entre entreprises issues de la loi de 2002 avec les vieilles entreprises

Entreprises	Fréquence	Pourcentage
Entreprises avant 2002	64	100,00 %
Entreprises après 2002	0	0,00 %
Total	64	100,00 %

Source : Nos enquêtes sur terrain

En comparant les entreprises issues de la deuxième loi minière et celle de la première loi minière notamment la Gécamines, la SODIMICO, Kisenge Manganèse et, 100 % des travailleurs, anciens creuseurs, estiment que les entreprises issues de la deuxième loi minière sont peu appréciables.

Les faits sociaux parlent de soi, c'est pourquoi la figure ci-dessous évoque les raisons de la faible appréciation de ces entreprises dont 32,70 % de nos enquêtés estiment que ces entreprises sont médiocres à cause des mauvaises conditions de travail dans lesquelles sont soumis les travailleurs ; 29,10 % de nos enquêtés à leur tour estiment que les entreprises issues de la deuxième loi minière sont des entreprises précaires dans la mesure où ces entreprises pour la plupart de cas n'ont pas d'avantages sociaux accordés à leurs travailleurs contrairement à la vieille Gécamines qui accordait autant d'avantages sociaux dont les exemples en sont légion ; 23,60 % de nos enquêtés estiment que les entreprises issues de la deuxième sont d'une qualité médiocre car elles octroient de salaires modiques aux travailleurs paradoxalement aux entreprises issues de la première loi minière ; 10,90 % des salariés anciens creuseurs, estiment que la qualité des entreprises issues de la deuxième loi minière est d'une qualité médiocre dans la mesure où ce sont des emplois sans assurances c'est-à-dire des emplois précaires et instables et 3,60 % de salariés, anciens creuseurs, bien qu'estimant que les entreprises issues de la deuxième loi minière sont d'une qualité médiocre se retiennent quand même de donner la raison justifiant cette qualification.

De toute évidence, la Sécurité sociale, les avantages sociaux, la stabilité de l'emploi et la bonne rémunération d'un contrat de travail conclu et négocié rassurent les travailleurs salariés et génère un bon climat de travail et surtout les stimule à la prise de conscience de leur travail et de l'amour de mieux faire.

Graphique n° 25 : Les raisons de la médiocrité des entreprises issues de la loi 007/202 chez les travailleurs

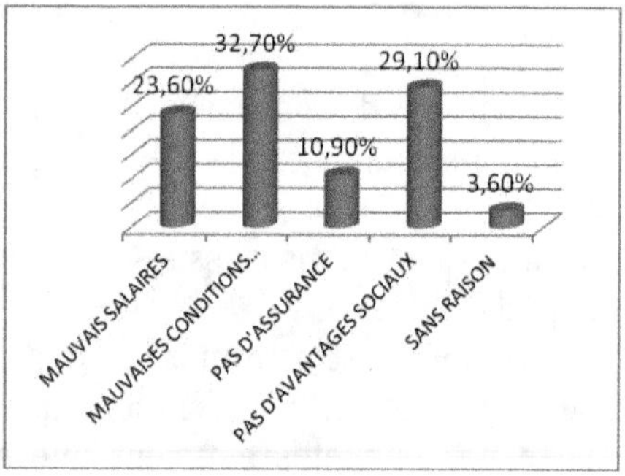

Source : Nos enquêtes sur terrain

En voulant savoir pourquoi les entreprises issues de la deuxième loi minière sont d'une appréciation médiocre, 32,70 % de salariés, anciens creuseurs, déclarent qu'à cause des mauvaises conditions de travail qui ne respectent en rien les conditions de la Sécurité sociale dans le lieu de travail ; 29,10 % de salariés, anciens creuseurs, estiment que le travail auquel ils sont soumis n'a aucun avantage social ; 23,60 % de salariés, anciens creuseurs, estiment que ce travail est précaire à cause du salaire qui y est alloué ; 10,90 % de salariés, anciens creuseurs, trouvent que c'est un travail sans assurance et qui ne garantit en rien et 3,60 % de salariés, anciens creuseurs, préfèrent ne pas donner de raison tout en persistant que c'est un travail précaire.

En effet, un travail qui ne tient pas compte des conditions humaines n'est qu'une perpétuation du système capitaliste mondial et donc une forme d'exploitation moderne de salariés, anciens creuseurs.

Figure n° 18 : Opinion de revenir à la position initiale de la GCM chez les travailleurs

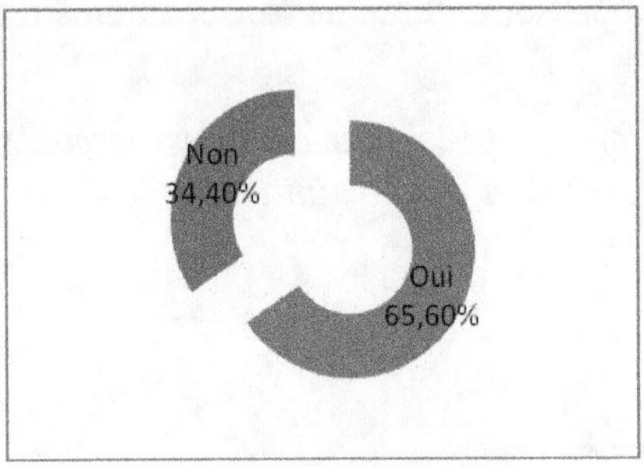

Source : Nos enquêtes sur terrain

La figure ci-dessus démontre que le gros de salariés, anciens creuseurs, soit 65,60 % estiment qu'il faille retourner à la position initiale de la Gécamines tandis que 34,40 % de salariés, anciens creuseurs, estiment qu'il ne faille pas revenir à la Gécamines.

Graphique n° 26 : Raisons pour lesquelles les travailleurs estiment mieux de revenir à la position initiale de la GCM

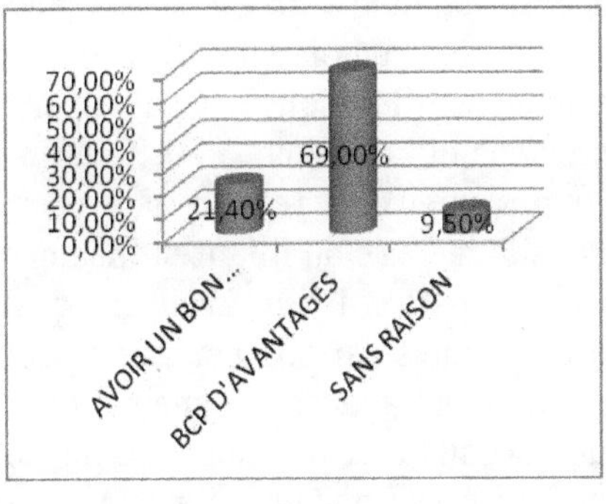

Source : Nos enquêtes sur terrain

En voulant savoir pourquoi la population estime qu'il faille retourner à la position initiale de la Gécamines, 69,00 % de salariés, anciens creuseurs, estiment qu'à cause de beaucoup d'avantages qu'elle octroyait à ses travailleurs ; 21,40 % de salariés, anciens creuseurs, quant à elle estiment qu'il faille revenir à la position de la Gécamines dans la mesure où la

Gécamines octroyait de bons salaires et qu'en revenant, elles en seraient bénéficiaires aussi et 9,50 % enfin bien qu'estimant qu'il faille retourner à la position initiale de la Gécamines n'ont aucune raison évoquée.

Graphique n° 26 : Raisons pour lesquelles les travailleurs n'estiment pas mieux de revenir à la position initiale de la GCM

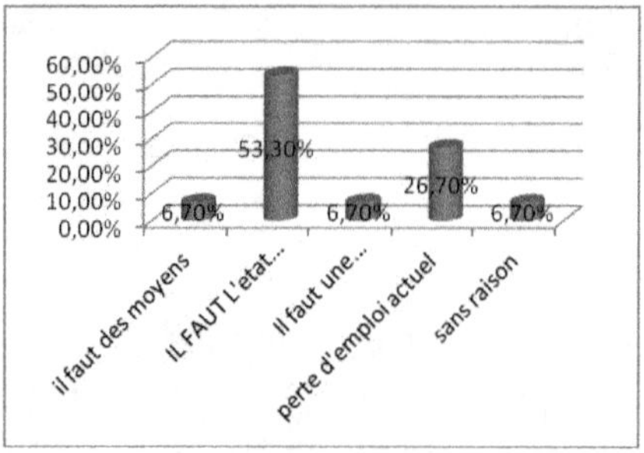

Source : Nos enquêtes sur terrain

La figure ci-dessus démontre qu'il n'est pas nécessaire de revenir à la position initiale de la Gécamines mais qu'il est souhaitable qu'il y ait simplement un État responsable soit 53,30 % de nos enquêtés donnant cette opinion ; 26,70 % des travailleurs, anciens creuseurs, n'estiment pas mieux de revenir à la position initiale de la Gécamines car le risque est qu'ils perdent l'emploi qu'ils ont actuellement et trois fois 6,70 % estiment successivement qu'il n'est pas mieux de revenir à la position initiale de la Gécamines dans la mesure où il faut suffisamment des moyens pour y arriver d'une part et il faut avoir une qualification pour travailler à la Gécamines car elle est très sélective d'autre part et enfin les autres n'ont avancé aucune raison.

Il est remarquable que revenir à la position initiale de la Gécamines est l'aspiration d'un grand nombre de nos enquêtés. Cependant, nous pensons que c'est seulement une question des conditions de travail et des avantages sociaux que la Gécamines octroyait à ses travailleurs qui faisaient un certain bonheur. Qu'en plus, la Gécamines était très sélective dans son recrutement. C'est la raison pour laquelle le reste de nos enquêtés estime que revenir à la position de la Gécamines réduirait leur chance d'embauche.

Au regard de ce qui précède, nous avons estimé qu'il n'importe pas simplement de faire le constat et l'interprétation du phénomène mais bien d'expliquer en proposant une théorie qui se présenterait comme une thérapie à la cruauté de la loi de la valeur mondialisée, d'où la trilogie dite *antipodale d'extra-vergence* qui est à la fois l'antipode de la trilogie de la loi de la valeur mondialisée et un remède à cette loi.

La trilogie antipodale d'extra-vergence à son tour se fonde sur les principes de la maximisation autocentrée au lieu de la maximisation de production, la maximisation *incidentielle* au lieu de la minimisation de coûts et de la maximisation auto entretenue à la place de la maximisation de profit.

L'application correcte de la trilogie antipodale d'extra-vergence conduit au bonheur, au bien-être de la population et donc au développement autocentré. À ce moment, il faut remarquer que le processus de formation de capitaux serait bel et bien mis en marche d'où le schéma synthétique suivant :

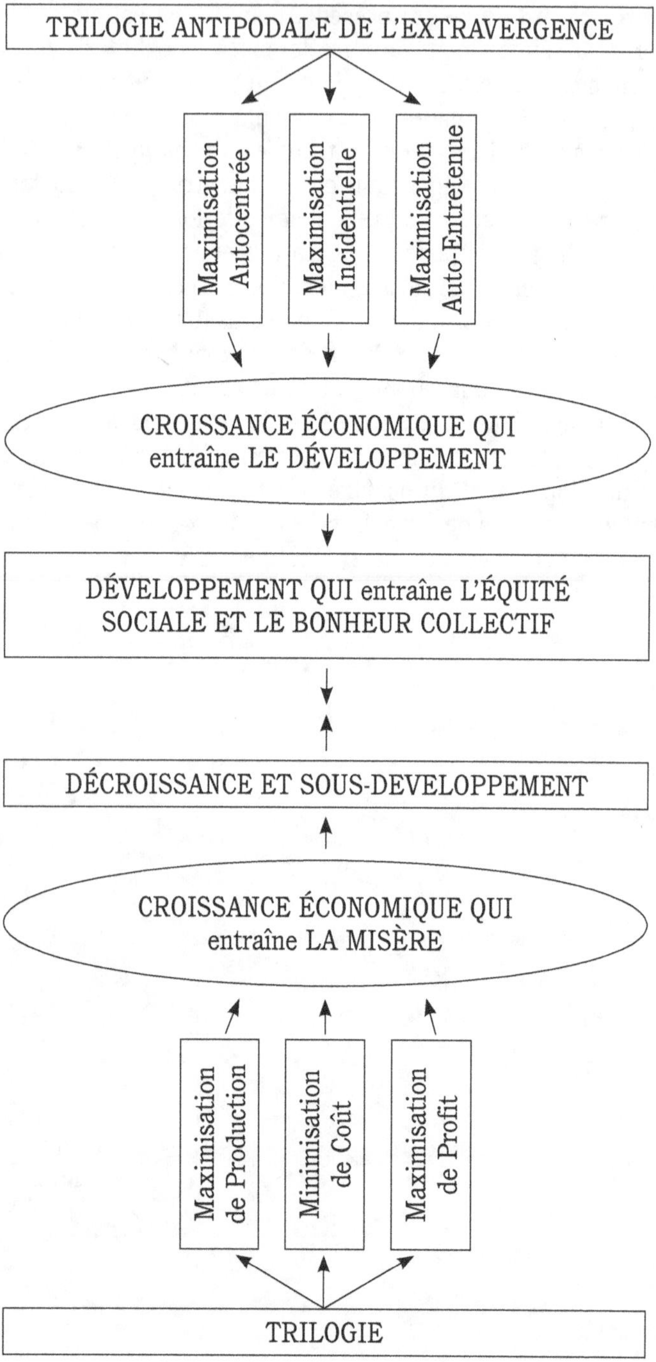

Schéma thérapeutique de la loi de la valeur mondialisée

Conclusion générale

•

Le Katanga a toujours été considéré comme la zone minière la plus riche du pays et dont l'exploitation de ses potentialités minières contribue à des proportions non négligeables à la croissance économique de ladite région et de la République démocratique du Congo.

- À ce stade de la recherche, les résultats se dégagent :
- Il y a un paradoxe entre la croissance de la production et la dégradation des conditions de vie de la population du bassin minier de l'Ex-Katanga ;
- La contradiction entre les attentes de l'État en mettant en œuvre ces lois et les faits générés par ces lois qui sont les résultats sur le terrain ;
- La création des entreprises et la dégradation des conditions socio-matérielles des masses désœuvrées ;
- Les salariés ne trouvent pas leur compte ;
- L'augmentation de taux des chômeurs qui conduit aujourd'hui à la prise des mesures « pathologiques ».

Le système capitaliste mondialisé basé sur la trilogie MMM ne peut conduire qu'à la décroissance et au sous-développement et donc à la misère des populations d'où cette théorisation sur la trilogie antipodale d'extra-vergence MA, MI, ME qui est une réponse pouvant conduire à la croissance et au développement et donc au bonheur des populations.

Dans le choix de ce sujet et sur la formalisation de notre objet d'étude, nous sommes partis du constat selon lequel le bassin minier de l'Ex-Katanga a connu vers les années 2002 une prolifération des entreprises minières. Cette multiplicité d'entreprises suppose à son tour la création des emplois. Nous nous sommes alors référés au principe de l'*incidentialité* qui voudrait que lorsqu'on crée des entreprises, on crée aussi de l'emploi qui conduirait à la production, laquelle sera vendue pour générer des recettes qui conduiraient au paiement de salaires des employés qui entraîneraient l'épargne et donc qui conduiraient au processus de formation des capitaux.

La conséquence de l'application de ce principe ce sont la multiplication des entreprises, et l'abondance de la production qui entraîne le paiement de salaire régulier. À ce moment, il s'observe une valorisation de la main-d'œuvre.

Lorsque tous les facteurs sont rétribués de manière équitable notamment la nature, le capital, la technologie et la consommation nous assistons à une application correcte de la loi de la valeur, c'est-à-dire la rétribution qui se fait au prorata de la contribution de chaque facteur.

Paradoxalement, dans le bassin minier de l'Ex-Katanga précisément en 2002 avec le cadastre minier et la loi minière (code minier) plusieurs entreprises ont été créées, environ 225 entreprises dont les entreprises de recherche, les entreprises de sondage, les entreprises d'exploitation, etc., c'est le contraire qui s'est produit. Au lieu d'une création *incidentielle* des recettes, d'un paiement *incidentiel* des salaires réguliers, nous assistons par contre à l'augmentation du taux de chômage, le paiement des faibles salaires et cela de manière irrégulière.

Nous remarquons donc que la création de toutes ces entreprises issues du cadastre minier et de la loi minière (code minier) n'a pas abouti à l'application positive de la loi de la valeur car le chômage continue à battre son plein, les hommes continuent à vivre dans des conditions infrahumaines et le processus de formation de capitaux n'a pas encore commencé. Ce constat nous a conduit à nous rendre compte que la masse désœuvrée constitue déjà un facteur considérable d'instabilité pour des nombreux pays comme la République démocratique du Congo.

Au regard de ce qui précède et vu ce constat, nous nous sommes posé la question fondamentale selon laquelle pourquoi et comment tout l'arsenal juridico-technique (la facilitation politique et légale, la facilitation fiscale et douanière) savamment conçu dont le résultat a été la prolifération des entreprises n'a pas conduit le bassin minier de l'Ex-Katanga et le pays à la croissance et au développement ?

La question fondamentale ci-dessus constitue, par ailleurs notre problématique de laquelle découle le questionnement suivant :

- La création des entreprises issues de la délocalisation industrielle dans le bassin minier de l'Ex-Katanga a-t-elle produit la loi de la valeur ?
- Quel est l'impact de la création des entreprises issues du cadastre minier et du code minier sur les conditions de vie de la population du bassin minier de l'Ex-Katanga.
- La lutte contre la décroissance et le sous-développement prend-elle en compte les effets pervers de la loi de la valeur mondialisée ?
- Quel est l'impact du système capitaliste basé sur la trilogie Maximisation de production (M), Minimisation de coût (M) et Maximisation de profit (M) (Trilogie MMM) dans la lutte contre la décroissance et la pauvreté de la masse désœuvrée dans le bassin minier de l'Ex-Katanga ?
- Que faut-il faire pour sortir le bassin minier de l'Ex-Katanga de ce cercle infernal de la pauvreté des masses ?

L'objet de cette étude, c'est la décroissance et la pauvreté de la masse désœuvrée causées par la loi de la valeur mondialisée. D'où l'identification des lois qui impriment sa dynamique et la proposition des solutions *désutopisées* gage de toute croissance et de tout développement harmonieux dans la société monde.

Cette étude présente un intérêt à la fois personnel, social et scientifique. Personnel, car ce sujet s'inscrit dans le domaine auquel nous souhaitons avoir notre spécialisation qui est la socioéconomie du développement.

Social, dans la mesure où l'étude répond à la question de la pauvreté de masse, de la décroissance et du sous-développement du bassin minier de l'Ex-Katanga dans le processus de son émancipation pour une véritable réalisation humaine.

Scientifique, cette étude contribue aussi à l'avancement des sciences sociales, en général et de la socioéconomie du développement, en particulier, par une nouvelle théorisation épistémologique.

Le choix du sujet de cette étude n'a pas été un fait du hasard. Il répond d'abord à la question d'actualité mondiale sur la lutte contre la pauvreté de masse, la décroissance et le sous-développement à travers notre théorisation.

Ensuite, en tant qu'intelligence dans le monde capitalisé d'éclairer cette forme d'exploitation qui paraît apporteur de bonheur afin de sortir le bassin minier de l'Ex-Katanga de l'ignorance et de la misère à travers cette étude qui l'éveille.

Outre l'introduction et la conclusion générales, l'étude est structurée en cinq chapitres.

La première partie relative au : « Cadrage théorique et empirique de l'étude » qui regorge en son sein quatre chapitres. Cette partie procédera à la revue des différentes théories du développement qui ont fait preuve de leurs expériences sur le terrain.

Cette première partie va nous fixer sur les concepts usuels et la grille de lecture de ce travail ; elle permet ensuite de passer en revue les différentes théories de la croissance et du développement ayant fait leurs preuves sur le terrain en la matière et va nous présenter par la même occasion le cadre de recherche du présent travail.

La seconde partie intitulée « Bassin minier du Katanga : Champ d'application de la loi de la valeur mondialisée » comprend trois chapitres.

Cette deuxième partie va nous permettre de tirer des conclusions sur l'apport des différentes lois minières et leurs contributions à l'amélioration des conditions d'existence des populations du bassin minier de l'Ex-Katanga. En particulier, nous démontrerons comment cette région minière n'est rien d'autre qu'un champ d'application de la loi de valeur mondialisée au lieu de la loi de la valeur et enfin la présentation de notre théorie sur la trilogie antipodale d'extra-vergence comme une thérapie à la loi du grand capital mondial.

Le fondement théorique de notre étude c'est le matérialisme dialectique et historique. Cette théorie nous est inspirée par le constat selon lequel tout comportement que les hommes affichent, la façon que les hommes produisent les idées et la manière qu'ils les véhiculent ont un fondement matériel. C'est-à-dire c'est l'infrastructure matérielle qui détermine la manière dont les hommes se conduisent, qui sous-entend leur production, leur répartition, leur échange et leur consommation des biens produits.

Le mode de production, la formation sociale, les relations de coopération internationale, les relations de coopération militaire et géostratégique, toutes ces manifestations des générations humaines sont sous-tendues par le matériel.

Le matérialisme dialectique nous enseigne également que dans ce qu'on peut considérer aujourd'hui comme la société monde est composée de deux groupes d'acteurs. D'une part les pays riches, puissants qui dominent, exploitent les autres et s'approprient toutes les richesses du monde et d'autre part, les pays dits pauvres qui sont dominés, exploités et finalement bloqués dans leur extension vers le bonheur. Ces pays pauvres sont aussi appelés les pays en développement ou pays pauvres et les plus endettés.

Le matérialisme dialectique nous enseigne enfin que les relations entre les deux sont asymétriques et conduisent à l'enrichissement, à la croissance économique et au développement des pays riches d'une part et d'autres, à l'appauvrissement, à la décroissance économique et au sous-développement des pays dits pauvres.

Au regard de ce qui précède, nous avons recouru à la méthode dialectique matérialiste à travers ces quatre lois comme chemin directeur pour conduire à bon port cette œuvre scientifique.

La méthode dialectique matérialiste dans cette étude a comme objectif de ressortir et d'étudier les contradictions et le changement afin d'atteindre l'explication du phénomène que nous étudions.

En effet, chaque formation sociale a une situation qui la prédispose au changement. Ce sont principalement les contradictions de différentes forces de la société qui sont génitrices du changement.

Au XXe siècle, les néo marxistes ont dégagé quatre lois ou postulats de la méthode dialectique matérialiste, à savoir :

- La loi de la connexion universelle des faits, de la totalité globalité ou la loi de l'action mutuelle ;
- La loi de la lutte des contraires ou la loi de la contradiction.

- La loi du changement ou La loi de la transformation universelle ou encore la loi de l'auto dynamisme ;
- La loi du changement quantitatif en changement qualitatif ;

En effet, malgré les différentes lois minières, les révisions de la loi sur le climat des affaires, le bassin minier de l'Ex-Katanga a connu vers les années 2002 une prolifération des entreprises minières qui suppose la création d'emploi. Force est pour nous de constater que l'emploi n'a pas été créé, le chômage est toujours en ascension et les conditions socio-matérielles en dégradation.

Le système de production que la formation sociale ou le bassin minier de l'Ex-Katanga regorge en son sein les germes de son contraire en connexion pour la production, c'est-à-dire on veut que les intervenants donnent le meilleur d'eux-mêmes pour la production et à l'issue de celle-ci, on ne veut pas non plus rétribuer chaque intervenant à juste titre mais bien plus la machine de production et le détenteur des capitaux.

Pour arriver à ces explications, nous avons eu à recourir aussi aux techniques suivantes :

La technique d'analyse documentaire, l'observation directe, l'observation-participation, la technique d'interview, la technique de questionnaire, l'entretien semi-structuré et la technique d'échantillonnage non probabiliste et la technique d'échantillonnage de boule de neige.

Dans cet échantillonnage non probabiliste, on suppose que la distribution des caractéristiques à l'intérieur de la population est égale. C'est ce qui fait que le chercheur croit que n'importe quel échantillon serait représentatif et que les résultats, par conséquent, seront exacts.

Bref, cette technique choisie, nous a permis de faire une représentation adéquate de la population mère afin de ne pas biaiser notre recherche et arriver à des résultats escomptés.

À travers cette étude il est remarquable que le système capitaliste fondé sur la trilogie « MMM » s'avère toujours inopérant dans la lutte contre la décroissance et la pauvreté des populations quels qu'en soient les périodes, les sites d'application et les acteurs.

Il est également remarquable que la prolifération des entreprises au Katanga issue de la théorie de la délocalisation industrielle a en définitive produit non pas la loi de la valeur mais plutôt la loi de la valeur mondialisée.

Celle-ci est l'antipode de la loi de la valeur en ce sens qu'elle met l'accent sur le capital et le produit seulement alors que la loi de la valeur, quant à elle, met l'accent sur tous les intervenants dans la production.

Il s'observe dans le bassin minier de l'Ex-Katanga que la lutte qu'il faut mener contre la décroissance et le sous-développement doit également prendre en compte les effets pervers de la loi de la valeur mondialisée.

Par conséquent, pour sortir le bassin minier de l'Ex-Katanga de la décroissance et du sous-développement, il faudra mettre sur pied une trilogie antipodale d'extra-vergence à celle de la loi de la valeur mondialisée.

Au regard de ce qui précède, nous proposons la trilogie *antipodale d'extra-vergence* suivante :

- Maximisation de la production Autocentrée (MA)
- Maximisation *Incidentielle* (MI)
- Maximisation auto-Entretenue (ME)

Cette trilogie *antipodale d'extra-vergence* (MA, MI, ME) conduirait à une rétribution équitable dont la conséquence serait l'augmentation de salaire des employés qui sera déversée dans des banques au moyen de l'épargne pour que le système de formation des capitaux soit permanent.

L'application correcte de la trilogie antipodale d'extra-vergence conduit au bonheur, au bien-être de la population et donc au développement autocentré.

Bibliographie

•

ALMEIDA H.-Topor, *L'Afrique au sud du Sahara XXIe siècle*, Paris, Armand Colin, 2e éd., 2003.

ALPE Yves et all., *Lexique de sociologie*, Paris, Dalloz, 2005.

AMIN S., et COQUERY Vidrovitch C., *Histoire économique du Congo (1880-1968)*, Paris, Anthropos, 1969.

BRECHON P., *Les grands courants de la sociologie*, Grenoble, PUG, 2000.

BEAUD M., *L'art de la thèse. Comment préparer et rédiger une thèse de doctorat, un mémoire de DEA ou maîtrise ou tout autre travail universitaire*, Paris, La Découverte, 1991.

BEZY F., *Problèmes structurels de l'économie congolaise*, Louvain/Paris, IRES, vol. I, Beauvechain, Nauwelaerts, 1957.

DELAHAYE C. et RICARD S., *L'héritage de Théodore Roosevelt : impérialisme et progressisme* (1912-2012), Paris, L'Harmattan, 2012.

DIBWE dia Mwembu, *Histoire des conditions de vie des travailleurs de l'UMHK ; Gécamines (1910-1999)*, Lubumbashi, PUL, 2001.

FISHER, A., et all., *Manuel de Recherche Opérationnelle en matière de planification familiale*, New York, The Population Council, 1991.

HUYBRECHTS A., *Transports et structures de développement du Congo, Étude du progrès économique de 1900 à 1970*, Paris, Mouton et IRES, 1970.

GEORGES, S., *Comment meurt l'autre moitié du monde*, Paris, Robert Laffont, 1978.

GUILLAUMONT Patrick, *L'économie du développement*, Paris, PUF, 1985.

KABUYA Kalala et KIKASSA Mwanalessa, *Stabilisation économique et financière au Zaïre, de 1978 à 1980. Des dévaluations en cascade à la démonétisation*, Kinshasa, Cepas, 1980.

KABUYA Kalala et MATATA Ponyo Mapon, *L'espace monétaire kasaïen, crise de légitimité et souveraineté monétaire en période d'hyperinflation au Congo (1993-1997)*, Paris, L'Harmattan, 1999.

KABUYA Kalala, F. et TSHIUNZA Mniye, *« L'économie congolaise à l'horizon 2002-2005 : contraction, fractionnement et enlisement »*, Paris, L'Harmattan, 2002.

KAZADI Kimbu M., *« Mobalité » congolaise et Sociologie de l'Auto-détermination*, Lubumbashi, CRESA, 2006.

LUKOMBE Nghenda, *Zaïrianisation, radicalisation, rétrocession en République du Zaïre : considérations juridiques*, Kinshasa, PUZ, 1979.

LUKOMBE Nghenda, *Droit et développement de la République du Congo. Étude de droit agricole*, Kinshasa, Édition des Facultés de Droit des Universités du Congo, 2004.

MABI Mulumba, *La monnaie dans l'économie*, Kinshasa, CERDI, 2001.

MABI Mulumba, *Les dérivés d'une gestion prédatrice, le cas du Zaïre devenu République démocratique du Congo*, Kinshasa, CRP, 1998.

MARYSSE, S. et REYNTJENS, F. (dir.), *L'Afrique des Grands Lacs. Annuaire 2000-2001*, Paris, L'Harmattan, 2002.

MILLET D., *La dette de Mobutu, Comité pour l'annulation de la dette du tiers monde,* « économie de la République démocratique du Congo », 16 septembre 2004

MILLEY, J., *Afrique des Grands Lacs*, Paris, Seuil, coll. « Microcosme Petite Planète », 1966.

MOUTON et CIE *« Indépendance, inflation, développement. L'économie congolaise de 1960 à 1965 »*, Paris, IRES, Lovanium, coll. « Recherches africaines », 1968.

MUBAKE Mumeme, *Structures économiques, comportements sociaux et formation des prix : essai d'explication de l'inflation. L'expérience zaïroise 1960-1980,* Louvain-la-Neuve, Academia-Bruylant, 1996.

MUKOKO Samba et Alii, *Conflits armés en République démocratique du Congo, le rôle des facteurs économiques et leçon pour la reconstruction*, Kinshasa, PNUD, 2004.

MULUMBA Lukoji, *Succession d'États aux droits patrimoniaux. Le cas du Zaïre (ex-Congo-Belge)*, Kinshasa, PUZ, 1973.

MUTUMBA Lukusa, *Déséquilibre macroéconomique et ajustement au Zaïre, 1976-1987*, Kinshasa, PUK, 1990.

MOTTOULE L., *Politique sociale de l'UMHK pour sa main d'œuvre indigène et ses résultats au cours de vingt années d'applications,* s. e. Bruxelles, 1946.

SAMIR A., *L'eurocentrisme,* Paris, Minuit, 1988.

SAMIR A., *La déconnexion*, Paris, Minuit, 1985.

SAMIR A., *La loi de la valeur et le matérialisme historique*, Paris, L'Harmattan, 1985.

SAMIR A., *Sortir de la crise du capitalisme ou sortir du capitalisme en crise ?*, Montreuil, Le Temps des Cerises, 2009.

SAMIR A., *Du capitalisme à la civilisation*, Paris, Syllepse, 2008.

SUMATA C., *L'économie parallèle de la RDC*, Paris, L'Harmattan, 2001.

STIGLITZ J., *La grande désillusion*, Paris, Fayard, 2002.

TOURAINE A., *Sociologie de l'action*, Paris, Seuil, 1965.

VAN DER STRAETEUR, *Essai sur l'évolution économique du Congo belge*, Bruxelles, Waverbergh, 1923.

WILLAME J.-C., Zaïre : *L'épopée d'Inga, Chronique d'une prédation industrielle*, Paris, L'Harmattan, 1986

YAWIDI J-C, *Procès de la société congolaise*, Bruxelles, Mabiki, 2008.

1. Revues et Articles

ANOUAR Abdel-Malek., « Pour une sociologie de l'impérialisme », *L'homme et la société*, n° 6, Dakar, 2003.

BEN C., « Climat d'affaires : Rapport 2008 de la Banque mondiale sur le Climat d'affaire », *Journal Le Potentiel*, n° 4289 du 7 avril 2008.

BRAECKMAN C., « Le Congo et ses amis chinois », *Le Monde diplomatique*, septembre 2009.

COYEN A., « "50 années de vie coloniale belge." Société belge des ingénieurs *de l'économie*. Voir *Journées des droits de l'homme sur :* de la malédiction ? », *Journal Le Potentiel*, n° 3467, 6 juillet 2005.

DAVID Harvey, « Le nouvel impérialisme Les Prairies Ordinaires », *La revue du Projet*, 2010.

VILLERS Gauthier, « Le pauvre, le hors-la-loi, le métis (la question de l'"économie informelle" en Afrique) », Bruxelles, CEDAF, *Les cahiers CEDAF*, n° 6, 1992.

ENYIMO M., « La FEC et le ministère de tutelle se penchent sur la relance du tourisme », *Journal Le Potentiel*, n° 4245 du 15 février 2008 et des industriels, Bulletin mensuel, n° 7-8, 1935.

FAUSTIN K., « États généraux des mines : une occasion de redéfinir la politique minière de la RDC », *Journal Le Potentiel*, n° 4263, 8 mars 2008.

FERNAND Bézy, "Problems of economic Development of Congo, in *EAG ROBINSON*, Economic Development for Africa South of the Sahara fonds du pétrole", *Journal Le Potentiel*, n° 4226 du 24 janvier.

Forum économique mondial sur l'Afrique du 13 au 15 juin, Rankings 2007.

KALONJI Ntalaja, « Trois lectures de la performance de l'économie congolaise en 2002 », *Note de conjoncture,* nouvelle série, vol. 1, octobre 2003.

KAZADI Kimbu, « Le sociologue et le devenir d'une nation : L'expérience des jeunes de la rue du Shaba », *Cahiers zaïrois d'études politiques et sociales*, Lubumbashi, PUL, n° 18, juin 1997.

KENNEDY P., « Les enjeux globaux à l'aube du 21e siècle », *Éducation des adultes et développement*, n° 54, 2000.

KODILA Tedika O. et KYAYIMA Muteba F., « Sources de la croissance en République démocratique du Congo d'avant Indépendance. Une analyse par la Co intégration », *CRE Working paper*, n° 02/10, juin 2010.

KODILA Tedika, « La stratégie de réduction de la pauvreté en RDC, où en sommes-nous ? », *Journal Le Potentiel*, n° 4278, mardi 25 mars 2008.

KUDINGA Benoit, « Le gouvernement congolais, garant de l'instabilité macro-économique », *Journal Le Potentiel,* 7 mars 2006.

KUEDIASALA F., « Tunis se penche sur les mécanismes de gestion durable du bassin du Congo », *Journal Le Potentiel*, n° 4226, du 24 janvier 2008.

KUEDIASALA Faustin, « La RDC abandonne le pétrole à l'Ouganda », *Journal Le Potentiel*, n° 4243 du 13 février 2008.

MALINGUMU Syosyo, « Plaidoyer pour la création d'une bourse des valeurs en RDC », *Journal Le Potentiel*, n° 4224 du 22 janvier 2008.

MUBAKE Mumeme, « Programmes de redressement des équilibres fondamentaux de l'économie zaïroise : 1976-1977 », *Cahiers économiques et sociaux*, IRES, Kinshasa, vol. XVI, décembre 1978.

MUKOKO Samba, « Congo Forum, analyse : Politique économique en RDC, leçons de trois dernières décennies », *La Revue Notes de conjoncture*, vol. 1, Kinshasa, 2005.

MUNSALA Buakasa, « Des milliards $US chinois à la portée de la RDC », *Journal l'Observateur*, n° 2804 du 28 janvier 2008.

SAVANEI, « L'informel c'est la vie », [en ligne] URL : http://www.africaonline.co.ci

TINO Mabada, « Le Brésil après la Chine », *AfricaNews*, Série II, n° 151 du vendredi 25 à dimanche 27 janvier 2008.

2. Thèses de Doctorat

DIBWE dia Mwembu, *Bana Shaba abandonnés par leurs pères. Structure d'autorité et histoire sociale des familles ouvrières du Katanga*, Thèse de doctorat, Lubumbashi, UNILU, 1990.

KAZADI Kimbu, *Capitalisme périphérique et lutte des classes au Zaïre. Contribution à la critique de la sociologie de l'impérialisme*, Thèse de doctorat en sociologie, FSSAP, Lubumbashi, UNILU, 1993.

KALUNGA Mawazo, *L'agriculture et le cuivre ou la loi de somme zéro à l'éprouve de la massification ouvrière et paysanne au Katanga*, Thèse de doctorat en sociologie, FSSPA, Lubumbashi, UNILU, 2004.

KILONDO Nguya, *Territoire produit par l'industrie minière et rupture de filiation ouvrière : Dynamique populaire et territoriale dans le cas des cités ouvrières de la Gécamines*, Thèse de doctorat, Louvain, UCL, 2010.

KILWILA Ntambwe, *Structures informelles de solidarité et dialectique de libération ouvrière en République démocratique du Congo*, Thèse de Doctorat en sociologie, FSSAP, Lubumbashi, UNILU, 2007.

MULOWAYI Dibaya, *Analyse praxéo-critique des idéologies de la faim au Zaïre*, thèse de Doctorat en Sociologie, FSSPA, Lubumbashi, UNILU, 1997.

NDAY wa Mande, *Élargissement de la praxéologie interdiscursive aux discours logicomathématique et physique ; Contribution critique à l'épistémologique praxéologique*, Thèse de doctorat en sociologie, FSSAP, Lubumbashi, UNILU, 2004.

3. Rapports, conférences et documents officiels

ACIDH, *Chinese private and public investment in the mining sector in Katanga*, Kinshasa, 2010

Banque du Zaïre, *Bref aperçu de la situation économique du Zaïre en 1977*, supplément au rapport annuel 1976.

Commission européenne, *La politique de développement de la communauté européenne*, Luxembourg, Office de Publications officielles des Communautés européennes, 2000.

Journal officiel, *Code des investissements*, Kinshasa, 2002.

Freeport McMoran, Bhp Billiton, Anglo-America, Metorex

Journal officiel, *Code minier*, numéro spécial du 15 juillet 2002

Ministère du Plan, *Document de stratégie de Réduction de la pauvreté*, février 2004.

NGONGO Luhembwe, *État des lieux de l'agriculture Katangaise, communication faite aux journées scientifiques de la Faculté des Sciences agronomiques*, Lubumbashi, UNILU, mars 2000.

OCDE, *Perspectives économiques en Afrique*, RDC, 2005, 2006

OCDE, *Perspectives économiques en Afrique*, RDC, 2005

OCDE, *Congo 1965-1999 : Les espoirs déçus du « Brésil africain »*, Document technique n° 178, Centre de Développement OCDE, septembre 2001.

PNUD, *Classement des pays selon l'IDH*, 2007.

Programme national de relance du secteur agricole, Kinshasa le 27 février 1997.

République démocratique du Congo, *Document de la stratégie de croissance et de la réduction de pauvreté*, juillet 2006.

Table ronde sur l'impact de la crise financière au secteur minier en République démocratique du Congo, Kinshasa, le 9 avril 2009.

TITO MALELA, Survol des grands moments de l'économie congolaise, 2010.

Transparency International, *Le classement de l'indice de perception de la corruption*, 2005.

Transparency International, *Tableau de l'indice de la corruption*, 2007.

TSAMBU BULU L., *Refonder l'idéal panafricaniste à l'aune de l'intellectualité symbolique de la musique*, Conférence commémorative du trentième anniversaire de CODESRIA, 2003.

VWAKYANAKAZI Mukohya (dir.), *Le travail en Afrique. Noire ; servitude ou libération ?* Actes des premières journées Théophile Reyn, Lubumbashi, 2002.

World Bank, *Sector Reform, Environmentally and Socially Sustainable Development*, Washington D.C., 2007.

World Bank, *Democratic Republic of Congo Poverty and Social Impact Analysis Mine*, 2007.

Table des matières

www.ingramcontent.com/pod-product-compliance
Lightning Source LLC
LaVergne TN
LVHW051022051026
849532LV00004BA/1323
* 9 7 8 2 8 0 6 1 0 3 4 9 9 *